सही निवेश से अमीर बनें

पुस्तक समीक्षा

दैनिक एक्सेलसियर,
जम्मू व कश्मीर का सबसे अधिक प्रसार वाला
दैनिक समाचार-पत्र, 26 जुलाई, 2013

'सही निवेश से अमीर बनें' व्यक्तिगत नियोजन के लिए निश्चित रूप से एक यथार्थवादी पुस्तक है और इसमें निवेशक के दृष्टिकोण को प्रतिबिंबित करते हुए उचित निवेश योजना के माध्यम से सावधानीपूर्वक अपनी मेहनत की कमाई का प्रबंधन करने की जानकारी देनेवाले छह अध्याय शामिल हैं।

यह पुस्तक पाठकों को विस्तार से समझाती है कि निवेश कैसे किया जाए, किस चीज में किया जाए और इसकी शुरुआत कहाँ से की जाए। पहला अध्याय वित्तीय योजना में गोल्ड, गोल्ड-ई.टी.एफ. एवं ई-गोल्ड के महत्त्व और अनिश्चित अर्थव्यवस्था में इसकी वृद्धि का वर्णन करता है। लेखक ने पिछले दस वर्षों के आँकड़े के आधार पर सोने के दामों में वृद्धि का अनुमान लगाया है, जो निश्चित ही पाठकों को सोने में निवेश करते हुए सोने और पोर्टफोलियो डायवर्सिफिकेशन का लाभ उठाने में सक्षम बनाएगा।

लेखक बताते हैं कि सार्वजनिक भविष्य निधि में व्यवस्थित निवेश योजना (एस.आई.पी.) के जरिए किए गए छोटे निवेश कैसे बच्चों की उच्च शिक्षा खर्च, बेटी या बेटे की शादी और सेवानिवृत्ति योजना जैसे वांछित लक्ष्यों को प्राप्त कर सकते हैं। शेयरों और म्यूचुअल फंड्स में एस.आई.पी. के माध्यम से किया गया निवेश बाजार की अस्थिरता की परवाह किए बिना अनुशासित निवेश सुनिश्चित करता है। साथ ही, भविष्य में कैसे इसकी सहायता से एक निवेशक लंबी समयावधि में बिना अधिक जोखिम लिये बाजार-चक्रों के माध्यम से अपनी लागत को काबू में रखते हुए अपने लक्ष्य को प्राप्त करने की दिशा में बड़ा कोष तैयार कर सकता है।

अधिक : http://www.dailyexcelsior.com/review-of-investment-risk-growth-held/

सही निवेश से अमीर बनें

आर.के. मोहापात्रा

प्रभात पेपरबैक्स
www.prabhatbooks.com

प्रकाशक

प्रभात पेपरबैक्स

प्रभात प्रकाशन प्रा. लि. का उपक्रम

4/19 आसफ अली रोड, नई दिल्ली–110002

फोन : 23289777 • हेल्पलाइन नं. : 7827007777

इ–मेल : prabhatbooks@gmail.com ❖ वेब ठिकाना : www.prabhatbooks.com

संस्करण

प्रथम, 2021

अनुवाद

निशांत गोयल

मूल्य

दो सौ पचास रुपए

मुद्रक

आर–टेक ऑफसेट प्रिंटर्स, दिल्ली

———— ★ ————

SAHI NIVESH SE AMEER BANEN

by Shri R.K. Mohapatra

(Hindi translation of INVESTMENT, RISK & GROWTH)

Published by **PRABHAT PAPERBACKS**

An imprint of Prabhat Prakashan Pvt. Ltd.

4/19 Asaf Ali Road, New Delhi-110002

ISBN 978-93-90900-63-3

₹ 250.00

सही निवेश से अमीर बनें—
निवेशकों के लिए इन्वेस्टमेंट व्हीकल्स से संबंधित गाइड की प्रशंसा

"छह-सात अध्यायोंवाली यह पुस्तक निवेशकों के लिए इन्वेस्टमेंट व्हीकल्स से संबंधित एक ऐसी गाइड है, जो विस्तार से किसी व्यक्ति के लिए भारत में वित्तीय नियोजन करने और किसी भी वित्तीय उत्पाद के लिए भविष्य के विकास जैसे विषयों का विस्तृत रूप से वर्णन करने के साथ ही निवेश की उचित योजनाओं के माध्यम से अपनी कड़ी मेहनत से कमाए गए धन को सँभालने के लिए एक निवेशक के दृष्टिकोण को भी दरशाती है।

लेखक ने बाजार की प्रवृत्ति, निवेश उत्पाद के जोखिम-प्रतिफल, विभिन्न परिस्थितियों में बाजार के रुख और व्यक्तिगत व्यवहार, ऋण निधि के प्रभाव और कर-कुशल उत्पादों में निवेश का विस्तृत वर्णन किया है। विभिन्न अध्यायों में तार्किक उदाहरणों के जरिए यह बताया गया है कि एस.आई.पी. के माध्यम से निवेश बाजार की गति की अस्थिरता की परवाह किए बिना अनुशासित निवेश कैसे सुनिश्चित किया जा सकता है। साथ ही, भविष्य में कैसे इसकी सहायता से एक निवेशक लंबी समयावधि में बिना अधिक जोखिम लिये बाजार-चक्रों के माध्यम से अपनी लागत को नियंत्रण में रखते हुए अपने लक्ष्य को प्राप्त करने की दिशा में बड़ा कोष तैयार कर सकता है।

उनके अधिकांश मित्र और सहयोगी उन्हें 'परोपकारी' इसलिए कहते हैं, क्योंकि वे वित्तीय मुद्दों पर राय लेने के लिए अपने पास आनेवाले प्रत्येक व्यक्ति को बिना कोई नखरा दिखाए अपनी विशेषज्ञ राय देने के लिए तैयार रहते हैं। 'समाज-सुधारक' का संदर्भ सामने आते ही उनके चेहरे पर चमक आ जाती है। वास्तविकता यह है कि वे हमेशा वित्तीय और आर्थिक मामलों पर सोशल, डिजिटल एवं प्रिंट मीडिया के माध्यम से पाठकों और निवेशकों (सरकार) को सार्थक व व्यावहारिक सुझाव तथा समाधान देने में अग्रणी रहते हैं और इसीलिए अकसर उन्हें 'समाज-सुधारक' की उपाधि से नवाजा जाता है।"

—बिपिन शर्मा

वरिष्ठ पत्रकार और परामर्श संपादक,

'टेन न्यूज', नई दिल्ली, नोएडा और ग्रेटर नोएडा।

"यह पुस्तक पाठकों को निवेश के विभिन्न पहलुओं से रू-बरू करवाती है, जैसे क्या निवेश करना चाहिए और सही शुरुआत कैसे हो सकती है। यह पुस्तक व्यावहारिक मूल्यांकन के साथ-साथ निवेश उत्पादों का एक व्यवस्थित अध्ययन प्रस्तुत करती है। बाजार के आज के सच्चाई से परे अनिश्चितता भरे माहौल में वांछित रिटर्न प्राप्त करना कितना आसान और सरल है, यह बताने के लिए मोहापात्रा का साधुवाद। इसके अलावा, यह एक ऐसी दुनिया को भी सामने लाता है, जहाँ निवेश के जरिए कोई व्यक्ति लंबी अवधि में भी अपने वांछित लक्ष्य को प्राप्त कर सकता है। यह पुस्तक पाठक को वत्तीय योजना, रणनीति, बीमा और कराधान कानूनों के साथ निवेश और निवेश उत्पादों को लेकर सशक्त बनाती है।"

—डॉ. डी.के. बत्रा

प्रख्यात शिक्षाविद् और प्रबंधन सलाहकार

इरकॉन इंटरनेशनल लिमिटेड, नई दिल्ली के आर.के. मोहापात्रा ने अपनी इस पुस्तक में भारत में वित्तीय उत्पाद के भविष्य के विकास के साथ-साथ एक व्यक्ति के लिए वित्तीय नियोजन के विषय का विस्तार से वर्णन किया है।

—हिंदुस्तान टाइम्स

नई दिल्ली, 14 मई, 2013

"यह पुस्तक पाठकों को इस बात की जानकारी देती है कि निवेश कैसे किया जाए, किस चीज में किया जाए और निवेश की शुरुआत कहाँ से की जाए। लेखक ने पिछले दस वर्षों के आँकड़े के आधार पर सोने के दामों में वृद्धि का अनुमान लगाया है, जो निश्चित ही पाठकों को सोने में निवेश करते हुए सोने और पोर्टफोलियो डायवर्सिफिकेशन का लाभ उठाने में सक्षम बनाएगा।"

—अर्ली टाइम्स प्लस

जम्मू, 29 जुलाई, 2013

मेरे सहकर्मियों, मेरे परिवार, मेरी पत्नी,

मेरे बेटे **सुमित** और बेटी **श्रेया**,

मेरे सभी मित्रों

और

भारत के लोगों

को।

"आप एक उचित उत्पाद के चयन के लिए
सबसे अच्छे जानकार हो सकते हैं, लेकिन अपने स्वयं के वित्तीय
योजनाकार नहीं। सलाह लें और
बहुत सावधानी के साथ निवेश करें।"

प्रस्तावना

पैसे की कमी हर किसी के मन में असुरक्षा की भावना पैदा करती है। धन से संबंधित असमानताओं के कारण व्यक्ति को चिंता, असंतोष, नाखुशी और अवसाद का सामना करना पड़ सकता है; हालाँकि कोई भी एक निर्धारित समयावधि में लक्ष्य-आधारित निवेश के जरिए वित्तीय सुरक्षा का सुख हासिल कर सकता है।

इस पुस्तक में सात अध्याय हैं, जिनमें उदाहरणों के साथ निवेशकों के दृष्टिकोण को प्रतिबिंबित करते हुए बताया गया है कि कैसे वे उचित निवेश योजना के माध्यम से अपनी मेहनत से अर्जित धन को सँभालने की दिशा में आगे कदम बढ़ा सकते हैं। इस पुस्तक का उद्‌देश्य पाठकों को विस्तार से समझाना है कि निवेश कैसे किया जाए, किस चीज में किया जाए और निवेश की शुरुआत कहाँ से की जाए।

यह पुस्तक पाठकों को जीवन में उनके दीर्घकालिक लक्ष्यों तक पहुँचने में सक्षम करने के साथ उन्हें बाजार में उपलब्ध इन्वेस्टमेंट व्हीकल्स के बारे में ठोस जानकारी उपलब्ध करवाती है। साथ ही, इसमें यह जानकारी भी मिलती है कि कैसे एक छोटी सी राशि का निवेश भारी रिटर्न प्रदान करेगा, जिससे सही समय और मौके पर वांछित लक्ष्यों को आसानी से पाया जा सके।

यह पुस्तक जीवन के हर चरण में आपकी सहायता करेगी और एक मित्र, सलाहकार एवं परामर्शदाता की तरह आपका मार्गदर्शन करेगी। इसमें आकस्मिक घटना की स्थिति में मानव जीवन में बीमा की भूमिका और महत्त्व

के बारे में जानकारी शामिल है। मुझे इस बात का पूरा विश्वास है कि यह पुस्तक आपको प्रेरित करने के साथ आपका जीवन बदल देगी और आपको अपने इच्छित लक्ष्यों तक पहुँचने में भी सहायक सिद्ध होगी।

सभी निवेशकों के लिए ध्यान रखने योग्य कुछ मूल्यवान् सुझाव—

- पहले अपने लक्ष्य की योजना बनाएँ और फिर उसके बाद निवेश करें।
- निवेश करने से पहले एक वित्तीय सलाहकार से सलाह लें और अपने फैसलों के आधार पर निवेश करें।
- जितनी जल्दी हो सके, एक स्वास्थ्य बीमा योजना से खुद को सुरक्षित करें और आकस्मिक घटनाओं के प्रति होनेवाली अपनी देयता से स्वयं को मुक्त रखने के लिए कुछ बीमा पॉलिसियाँ जरूर लें।
- समय-समय पर अपनी निवेश सूची की समीक्षा करें।

आभार

मैं अपने सभी मित्रों, वरिष्ठों और सहकर्मियों को धन्यवाद देता हूँ, जिनकी प्रेरणा और प्रोत्साहन ने इस पुस्तक के द्वितीय संस्करण को संभव बनाया।

मैं अपने परिवार, विशेषकर अपनी पत्नी, को धन्यवाद देते हुए उनकी सराहना करता हूँ, जिन्होंने मुझे इस नेक कार्य को पूरा करने और इसे सफल बनाने में निरंतर सहयोग दिया।

इरकॉन परिवार का धन्यवाद, जिसने मुझे इस रचनात्मक कार्य के लिए समर्थन देते हुए प्रेरित किया।

विभिन्न स्त्रोतों से एकत्रित की गई जानकारी हर समय लिखित में नहीं थी या फिर अनुपलब्ध थी। ऐसे में, सटीक आभार व्यक्त करना अव्यावहारिक होगा।

इस पुस्तक का फोकस व्यक्तिगत निवेशक हैं। मैं उन युवाओं को धन्यवाद देता हूँ, जिन्होंने स्वतंत्र रूप से उन विचारों और दृष्टिकोणों को साझा किया, जिनका मैंने इस पुस्तक में उदाहरण के रूप में उपयोग किया है।

मेरे सभी फेसबुक मित्रों को उनके द्वारा प्रदान किए गए इनपुट्स और इस पुस्तक के लिए निरंतर समर्थन के लिए धन्यवाद।

इसके अलावा, मैं उन सभी के प्रति अपना आभार व्यक्त करना चाहता हूँ, जिन्होंने इस काम में अपना अमूल्य योगदान दिया है।

अनुक्रम

"अपनी मेहनत की कमाई को लेकर हमेशा सतर्क रहें,
क्योंकि इस तेजी से बदलती दुनिया में निवेश में
जोखिम हमेशा बना रहता है।"

परिचय

बजट और योजना तैयार करना केवल सरकारी और निगमित निकायों के लिए नहीं हैं। यह हर व्यक्ति के दिन-प्रतिदिन के जीवन के लिए भी आवश्यक है। इन कामों के लिए क्या जरूरी है ? बजट और नियोजन में एक निश्चित समयावधि के दौरान निश्चित लक्ष्यों एवं उद्‌देश्यों की पूर्ति करना शामिल होता है। ये उद्‌देश्य दीर्घकालिक या अल्पकालिक लक्ष्य हो सकते हैं और यह संस्था-से-संस्था एवं व्यक्ति-से-व्यक्ति के लिए भिन्न भी हो सकते हैं। लक्ष्य और उद्‌देश्य संगठन या परिवार के आकार के आधार पर निर्धारित किए जाते हैं। एक परिवार के लक्ष्यों में परिवार की आवश्यकताएँ समग्र रूप से और व्यक्तियों के मामले में एक निश्चित अवधि के लिए शामिल होती हैं। इस पुस्तक में हम एक परिवार की बुनियादी जरूरतों/आवश्यकताओं के साथ-साथ व्यक्ति के संबंध में भी चर्चा करेंगे।

किसी व्यक्ति की विशिष्ट आवश्यकताओं और जरूरतों में निम्नलिखित कारक शामिल हो सकते हैं—

1. **बच्चों की आवश्यकताएँ :** शिक्षा
2. **समसामयिक आवश्यकता :** घर, वाहन और अन्य बहुमूल्य संपत्ति की खरीद
3. **परिवार की आवश्यकता :** पुत्र/पुत्री के रहने और शादी का खर्च
4. **जीवन-शैली की आवश्यकता :** सेवानिवृत्ति के बाद का व्यय
5. **अन्य जरूरत :** विदेश यात्रा और परिवार के साथ घूमने जाने जैसे खर्च

6. **बीमा की आवश्यकता :** भविष्य के उत्तरदायित्व, स्वास्थ्य देखभाल/वर्तमान ऋण।

वित्तीय योजना का मुख्य उद्देश्य जीवन में किसी भी समय पर बिना कोई वित्तीय बोझ डाले आपको सुखमय जीवन प्रदान करना है।

लक्ष्य/ध्येय को किसी भी व्यक्ति की आमदनी के अनुसार ऊपर सूचीबद्ध की गई आवश्यकताओं को ध्यान में रखते हुए निर्धारित किया जा सकता है। एक संगठन/फर्म/कंपनी व्यापार के जरिए या समाज को सेवाएँ प्रदान करके आय अर्जित करते हैं। उसी तरह, एक व्यक्ति भी अन्य इकाइयों को सेवाएँ प्रदान करके आय अर्जित करता है।

किसी व्यक्ति के लघु और दीर्घकालिक लक्ष्य व्यय की आवश्यकताओं पर आधारित हो सकते हैं। 5 वर्ष या 10 वर्ष के बाद कितने पैसे की आवश्यकता होगी? कोई व्यक्ति 5 वर्ष या 10 वर्ष के बाद उस पैसे का उपयोग कैसे करेगा? एक व्यक्ति समय के साथ अपनी बचत की गणना के बाद इसे रेखांकित कर सकता है। आइए, एक व्यक्ति/छोटे परिवार की आय, व्यय और बचत के निम्नलिखित उदाहरण को जानें और समझें।

तालिका-1

आय		प्रतिमाह राशि (रु.)	प्रतिशत	वार्षिक राशि (रु.)
1.	नियमित आय (मजदूरी और वेतन)	98,000	89.09	11,76,000
2.	व्यापार आय	0	0.00	0
3.	घर की संपत्ति आय (लीज रेंट)	0	0.00	0
4.	आय का अन्य स्रोत	12,000	10.91	1,44,000

5.	पूँजी आय	0	0	0
	कुल-ए	**1,10,000**	**100**	**13,20,000**
	व्यय			
1.	घरेलू खर्च	25,000	22.73	3,00,000
2.	शैक्षिक व्यय	10,000	9.09	1,20,000
3.	निश्चित व्यय (मासिक किराया, परिवहन, पानी, बिजली और गैस बिल आदि)	20,000	18.18	2,40,000
4.	सरकारी कर	16,000	14.55	1,92,000
5.	मरम्मत और रख-रखाव का खर्च	1,000	0.91	12,000
6.	अन्य विविध खर्चे	3,000	2.73	36,000
	कुल-बी	**75,000**	**68.18**	**9,00,000**
बचत	**(ए-बी)**	**35,000**	**31.82**	**4,20,000**

आय - व्यय = बचत

आपकी आय, व्यय और बचत—ये वे तीन सामान्य तत्त्व हैं, जो आपके वित्तीय नियोजन के लिए प्रमुख रूप से आवश्यक हैं। यदि कोई स्पष्ट व्यक्तिगत लक्ष्य है और विशिष्ट समय-सीमा है तो प्रतिमाह अल्प आय के निवेश के जरिए इसे एक निश्चित अवधि में ही प्राप्त किया जा सकता है। एक छोटा सा कोष भविष्य में आपके इच्छित लक्ष्य की पूर्ति के लिए आपको एक बड़ी राशि प्रदान करेगा।

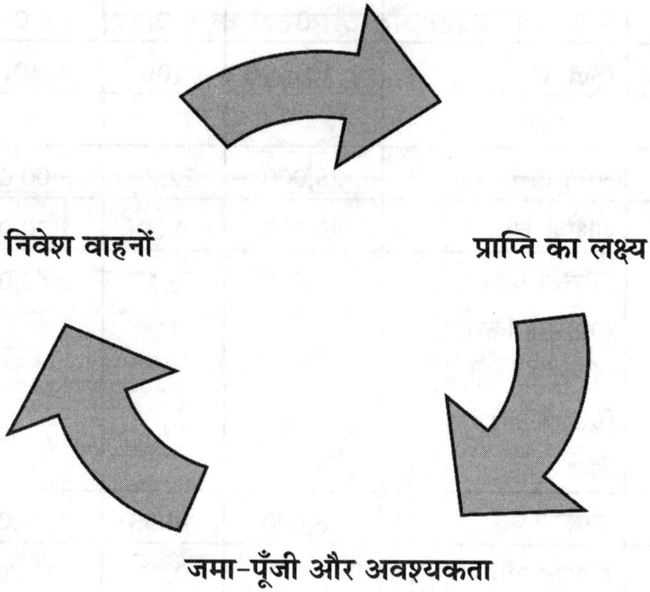

चित्र-1 : निवेश का चक्र

ये वित्तीय योजनाएँ आपको जीवन के विभिन्न चरणों में न सिर्फ धन-वृद्धि प्रदान करवाती हैं, बल्कि साथ ही वित्तीय सुरक्षा भी देती हैं। अपने लिए एकदम सही प्रकार का निवेश चुनना आपकी अपनी आवश्यकताओं पर निर्भर करता है।

आखिर, आपकी आवश्यकताएँ हैं क्या ? क्या उनके लिए अल्पकालिक या दीर्घकालिक योजना की जरूरत है ? आप कितना जोखिम उठा सकते हैं ? क्या आपको सुनिश्चित रिटर्न चाहिए या नहीं ? अधिक जोखिम का मतलब अधिक लाभ और इसके विपरीत भी हो सकता है। आप कैसे निवेश करना चाहेंगे ? निवेश का स्वरूप क्या है ? क्या यह एक बार किया जानेवाला निवेश है या फिर नियमित बचत है ? आइए, हम बाजार में उपलब्ध इन्वेस्टमेंट व्हीकल्स को परखते हैं।

इन्वेस्टमेंट व्हीकल्स के 5 चरण

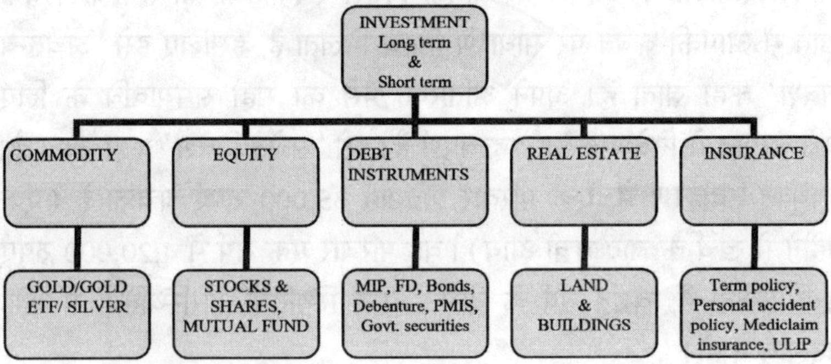

चित्र-2 : इन्वेस्टमेंट व्हीकल्स के प्रकार

एक निवेशक अपनी जरूरत के हिसाब से अल्पकालिक और दीर्घकालिक निवेश की योजना बना सकता है। व्यक्तिगत लक्ष्य और उद्‌देश्य ऐसी आवश्यकताओं (अल्पकालिक और दीर्घकालिक आवश्यकताओं) के आधार पर निर्धारित किए जा सकते हैं। उन जरूरतों के आधार पर यह तय किया जा सकता है कि एक विशिष्ट समय-सीमा के भीतर वांछित लक्ष्यों और उद्‌देश्यों की प्राप्ति के लिए कितना धन चाहिए।

उदाहरण के लिए, यदि आप अल्पकालिक निवेश बनाने की योजना बना रहे हैं तो डाकघरों, सरकारी बॉण्डों, म्यूचुअल फंडों और सावधि जमाओं (एफ.डी.) में अपने धन का निवेश करें और यदि आपका ध्यान दीर्घकालिक निवेश पर केंद्रित है तो सार्वजनिक भविष्य निधि (पी.पी.एफ.), नेशनल पेंशन स्कीम (एन.पी.एस.), पाँच वर्ष की आवर्ती जमा, पी.एम. आई.एस., जीवन बीमा, दस व पंद्रह वर्ष के इन्फ्रास्ट्रक्चर बॉण्ड, ई.एल. एस.एस. और दीर्घकालिक बैंक डिपॉजिट (एफ.डी., आर.डी.) आपके लिए श्रेष्ठ विकल्प हैं।

बचत और निवेश समान नहीं हैं। बचत एक निश्चित अवधि के दौरान खर्च से इतर होनेवाली आय है। निवेश एक निश्चित समयावधि के दौरान

आय को बढ़ाने के क्रम में बचत का उपयोग करना है। अपनी जरूरतों और आवश्यकताओं के आधार पर अपनी निवेश रणनीतियों को तय करें। बैंक खाते में आपकी बचत पर साधारण ब्याज मिलता है, इसलिए इसे 'अचैतन्य निवेश' कहा जाता है। अपने अतिरिक्त पैसे को सही समयावधि के लिए सही उत्पाद में निवेश करना महत्त्वपूर्ण है। इसे 'सचेत निवेश' कहा जाता है। उपर्युक्त उदाहरण में, एक परिवार प्रतिमाह 35,000 रुपए बचाता है (एक महीने में खर्च के बाद बची आय)। वह परिवार एक वर्ष में 4,20,000 रुपए बचा सकता है, बशर्ते वर्ष के दौरान अन्य स्थितियों-परिस्थितियों में कोई बदलाव न हो।

अपने अतिरिक्त पैसे का निवेश करने से पहले एक वित्तीय सलाहकार से परामर्श लेना श्रेष्ठ विकल्प है। निवेशक की उम्र और उसकी जरूरतों के आधार पर वित्तीय योजना एक व्यक्ति से दूसरे व्यक्ति के मामले में अलग हो सकती है। आमतौर पर एक वित्तीय सलाहकार जोखिम की स्थिति को ध्यान में रखते हुए एक निवेशक को उसकी उम्र (यानी निवेशक की उम्र 100 से घटाते हुए) को ध्यान में रखते हुए इक्विटी प्रतिशत में निवेश करने की सलाह दे सकता है। यदि निवेशक की आयु 35 वर्ष है तो वह अपनी बचत का 65 प्रतिशत इक्विटी में और 35 प्रतिशत अन्य प्रतिभूतियों, जैसे डेब्ट फंड, बैंक एफ.डी. आदि में निवेश कर सकता है। आयु काल में हो रही वृद्धि के चलते उपर्युक्त पारंपरिक फॉर्मूला आधुनिक समाज पर लागू नहीं होता। यदि निवेशक की आयु 35 वर्ष है तो हम उसे इक्विटी (75 प्रतिशत) और ऋण (25 प्रतिशत) वाला एक पोर्टफोलियो आवंटित कर सकते हैं।

जितना अधिक जोखिम, उतना अधिक फायदा। वित्तीय सलाहकार का मुख्य प्रयोजन अपने उपभोक्ताओं को बचत, सेवानिवृत्ति व्यवस्थापन, कर प्रबंधन, जीवन बीमा एवं धन सृजन जैसे वित्तीय मामलों की योजना और व्यवस्था में सहायता करना है। वित्तीय सलाहकारों को एक निश्चित समयावधि के दौरान वांछित लक्ष्य प्राप्त करने की आवश्यकता के साथ-साथ

किसी की वित्तीय स्थितियों को भी समझना चाहिए। इसलिए, आज की तेजी से बदलती दुनिया और अस्थिर अर्थव्यवस्था में एक व्यक्ति के जीवन में एक वित्तीय सलाहकार की भूमिका बेहद महत्त्वपूर्ण हो जाती है।

"कभी भी अपने वित्तीय सलाहकार/बिचौलिए परामर्शदाता का आँख मूँदकर विश्वास न करें, क्योंकि हो सकता है कि वह आपको कोई उत्पाद बेचने के लिए गुमराह कर रहा हो। आप अपनी आवश्यकताओं को मद्‌देनजर रखते हुए उत्पाद का चुनाव करें।"

किसी निवेशक को भारत के वित्तीय बाजार की स्पष्ट समझ होने की स्थिति में निवेश रणनीतियों और सलाहों को तैयार करना आसान हो जाता है। एक व्यक्ति को भी बिल्कुल निगम की ही तरह ऋण उपकरणों (जैसे एफ.डी.आर., सी.डी.आर., टी.डी.आर., बॉण्ड, एन.एस.सी., पी.पी.एफ. एवं एन.पी.एस.) और इक्विटी जैसे स्टॉक और म्यूचुअल फंड्स के बीच अंतर पहचानना आना चाहिए।

हमारे तालिका-1 में वर्णित उपर्युक्त उदाहरण में प्रतिमाह बचत 35,000 रुपए है और मान लेते हैं कि निवेशक की उम्र 45 वर्ष है। लक्ष्य कुछ इस प्रकार हैं—

- **बच्चों की आवश्यकताएँ :** 15 वर्ष के बाद बच्चों की उच्च शिक्षा के लिए खर्च।
- **परिवार की आवश्यकताएँ :** 20 वर्ष के बाद बेटे या बेटी की शादी।
- **जीवन-शैली की आवश्यकताएँ :** सेवानिवृत्ति योजना।

आइए, अब हम मौद्रिक शर्तों और निवेश की अवधि के बारे में विस्तार से जानते हैं।

तालिका-2

आवश्यकता	15 वर्ष बाद (रु.)	20 वर्ष बाद (रु.)
बेहतर सेवानिवृत्त जीवन के लिए धन-सृजन	1,70,00,900.00	
15 वर्ष बाद उच्च शिक्षा का खर्च	15,00,000.00	
20 वर्ष बाद बच्चों की शादी		50,00,000.00
कुल	**1,85,00,900.00**	**50,00,000.00**

तालिका में दिए गए उदाहरण में परिवार का प्रतिमाह का खर्च 59,000 रुपए है, जो सरकार को कर के रूप में दिए जानेवाले 16,000 रुपए से अलग है। अगर 4 प्रतिशत सालाना की मुद्रास्फीति की दर के आधार पर गणना की जाए तो 15 वर्ष बाद यह रकम 1,06,256 रुपए होगी। इस प्रकार, 15 वर्ष बाद व्यक्ति को 1,06,256 रुपए के अपने मासिक खर्च को पूरा करने के लिए 1,70,00,900 रुपए की आवश्यकता होगी, वह भी तब, जब हम यह मानें कि उपर्युक्त व्यक्ति सेवानिवृत्ति के बाद 1,06,256 रुपए के अपने मासिक खर्च को सिर्फ बैंक में की गई एफ.डी. पर मिलनेवाले ब्याज के जरिए उठाएगा। गणना का विवरण अनुलग्नक-ए में दिया गया है। भारत के आर्थिक विकास के स्तर के आधार पर 15 वर्ष बाद ब्याज दर 7.5 प्रतिशत मानकर यह गणना की गई है। इसका मतलब ब्याज के रूप में प्रतिमाह 1,06,256 रुपए पाने के लिए 170 लाख रुपए की एफ.डी. की जरूरत होगी।

इसके अलावा, 15 वर्ष बाद उच्च शिक्षा के 15 लाख रुपए के खर्च और 1.06 लाख रुपए प्रतिमाह के सेवानिवृत्ति के बाद के खर्चे को वहन करने के लिए 185 लाख रुपए की राशि की आवश्यकता होगी (170 लाख रुपए की एफ.डी.आर. 7.5 प्रतिशत सालाना की ब्याज दर पर)। इसके अलावा,

निवेशक का तीसरा लक्ष्य 20 वर्ष बाद बेटे या बेटी के विवाह के लिए 50 लाख रुपए जमा करने का भी है।

निवेशक को ऊपर दरशाई गई राशि का निवेश इस प्रकार से करना चाहिए कि 15 और 20 वर्षों की अवधि में निवेशित धन पर 2,35,00,900 रुपए (2 करोड़ 35 लाख 900) का रिटर्न प्राप्त हो।

अब हम वांछित रिटर्न प्राप्त करने के लिए बचत की 35,000 रुपए प्रतिमाह की राशि का हिसाब बना सकते हैं।

तालिका-3

विवरण	प्रतिमाह (रु.)	15 वर्ष बाद (रु.)	20 वर्ष बाद (रु.)	टिप्पणी
15 वर्ष के लिए पी.पी. एफ. (8.1 प्रतिशत)	2,500	8,56,949		पूर्णतः सुरक्षित निवेश। कोई जोखिम नहीं।
20 वर्ष के लिए म्यूचुअल फंड (लार्ज कैप फंड) में एस.आई.पी.	2,000		19,98,296	12 प्रतिशत की रिटर्न मान लें। मध्यम जोखिम।
विविध/मल्टीकैप फंड म्यूचुअल फंड में एस.आई.पी.	9,500	59,67,738		14.25 प्रतिशत की रिटर्न मान लें। उच्च जोखिम।
म्यूचुअल फंड (मध्यम और लघु कैप फंड) और इक्विटी में एस.आई.पी.	12,500	93,57,250		16 प्रतिशत की रिटर्न मान लें। उच्च जोखिम।
सुकन्या समृद्धि खाता (8.5 प्रतिशत)	6,500		39,47,141	पूर्णतः सुरक्षित निवेश। कोई जोखिम नहीं।

गोल्ड/गोल्ड ई.टी. एफ./एम.आई.पी./ऋण विलेख में निवेश	2,000	8,35,848		औसतन 10 प्रतिशत की शुद्ध रिटर्न मान लें। उच्च जोखिम।
कुल	**35,000**	**1,70,17,785**	**59,45,437**	

उपर्युक्त विश्लेषण से स्पष्ट है कि कोई व्यक्ति सुरक्षित पी.पी.एफ. खाते और गोल्ड/ऋण विलेख (8,56,949 रुपए और 8,35,848 रुपए) में निवेश कर 15 वर्ष बाद के उच्च शिक्षा के खर्च के रूप में जरूरी 15 लाख रुपए की आवश्यकता के सापेक्ष आसानी से 16.93 लाख रुपए पा सकता है।

इस प्रकार, निवेशक 15 वर्ष के बाद इक्विटी म्यूचुअल फंड में मासिक एस.आई.पी. के जरिए 170 लाख रुपए की अपनी आवश्यकता के सापेक्ष 153.24 लाख रुपए जोड़ लेगा, जो सेवानिवृत्ति के बाद के उसके 90.15 प्रतिशत खर्चों के लिए पर्याप्त रहेगा (अगर बैंक एफ.डी.आर. में मिलनेवाला ब्याज 7.5 प्रतिशत मानें), हालाँकि यदि निवेशक अपने वर्तमान व्यय को नियंत्रित करके इक्विटी मिड कैप और स्मॉल कैप फंडों के जरिए एस.आई. पी. में प्रतिमाह 1,800 रुपए का अतिरिक्त निवेश करता है तो वह 15 वर्ष के बाद सभी अनुमानित सेवानिवृत्ति के बाद के खर्चों को पूरा कर सकता है। इससे 13.48 लाख रुपए अर्जित होंगे। 20 वर्ष पश्चात् निवेशक के पास तीसरे लक्ष्य (पुत्र/पुत्री का विवाह) की पूर्ति के लिए 50 लाख रुपए की आवश्यकता के सापेक्ष 59.45 लाख रुपए जमा होंगे।

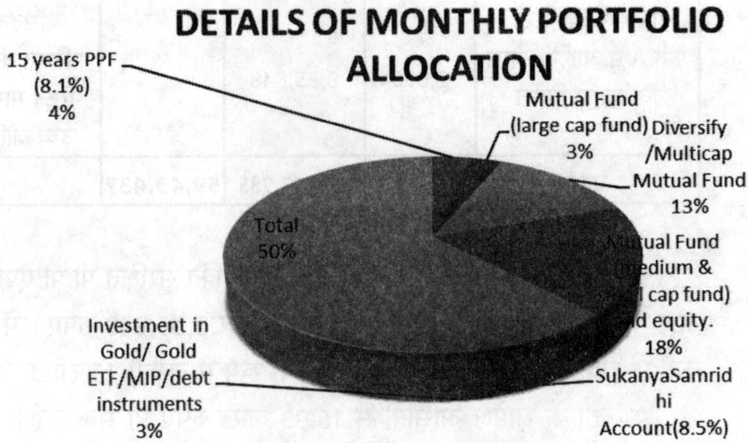

चित्र-3 : पोर्टफोलियो आवंटन का विवरण

उपर्युक्त विश्लेषण निवेशक की उम्र को ध्यान में रखते हुए एक अच्छा संतुलन और एक प्रभावी निवेश पोर्टफोलियो पेश करता है, जहाँ गोल्ड/गोल्ड ई.टी.एफ. और एम.आई.पी. उसके कुल मासिक निवेश का 6 प्रतिशत, दीर्घकालिक ऋण कोष (पी.पी.एफ. व एस.एस.ए.) 25 प्रतिशत और इक्विटी (एम.एफ.) 69 प्रतिशत है।

"किसी भी व्यक्ति को उपयुक्त उत्पादों में निवेश करके उत्पाद जीवन-चक्र का लाभ उठाना चाहिए।"

1

गोल्ड, गोल्ड ई.टी.एफ., ई-गोल्ड और गोल्ड बॉण्ड

"उचित समय पर उचित उत्पाद में निवेश करने का विचार निवेश की एक सतर्क रणनीति है।"

गोल्ड, गोल्ड ई.टी.एफ., ई-गोल्ड और गोल्ड बॉण्ड

विकासशील विश्व और उभरते हुए बाजारों में लोगों द्वारा सोना विनिमय के एक माध्यम के रूप में स्वीकार किया जाता है। मुद्रास्फीति के खिलाफ किसी भी देश के मौद्रिक नियंत्रण के लिए सोना एक उचित माध्यम है। यह पूरी दुनिया में मुद्रा के रूप में स्वीकार किया जाता है। वहीं दूसरी ओर, अमेरिकी डॉलर के साथ सोने का परस्पर संबंध बहुत अच्छा है, जो इसे मुद्रा हेज का एक बेहतरीन साधन बनाता है।

पूरे विश्व में लोग आलंकारिक सामग्री के रूप में सोने का उपयोग करते हैं। देश का राष्ट्रीय बैंक मुद्रा के संदर्भ में उपकरणों को मापने के लिए सोने का उपयोग करता है। सोना विकासशील विश्व में कमजोर मुद्रा या उच्च घरेलू मुद्रास्फीति दर जैसी प्रचलित और दीर्घस्थायी समस्याओं के विरुद्ध भी सुरक्षा प्रदान करता है।

मध्य-पूर्व और एशिया में खरीदे जानेवाले लगभग दो-तिहाई गहनों का उपयोग निवेश के साधन के रूप में किया जाता है। यह कीमती पीली धातु 6,000 से भी अधिक वर्षों से अस्तित्व में है और श्रृंगार या गहनों के रूप में इस्तेमाल होती है। भारत और दक्षिण एशिया में दूल्हे व दुलहन के लिए गहने और आभूषण मूल्यवान् उपहार माने जाते हैं। हमारे दिन-प्रतिदिन के जीवन में सोने की महत्ता शादियों, वर्षगाँठ, जन्मदिन, भाईदूज, रक्षाबंधन, क्रिसमस जैसे विभिन्न कार्यक्रमों और अन्य धार्मिक छुट्टियों में आसानी से देखी जा सकती है।

भारतीय बाजार में सोना बारंबार 10 वर्षों की अवधि के लिए सबसे मूल्यवान् वित्तीय संपत्ति साबित हुआ है। इसका उपयोग एक परिसंपत्ति के साथ-साथ एक निवेश के रूप में भी किया जाता है और इसने मार्च 2017 तक बीते 14 वर्षों की अवधि के दौरान औसतन 12.97 प्रतिशत की वार्षिक वृद्धि अर्जित की है।

व्यक्ति के पोर्टफोलियो में सोना एक बेहद महत्त्वपूर्ण भूमिका निभाता है। आप अपने पोर्टफोलियो में सोने के बजाय गोल्ड ई.टी.एफ. और ई-गोल्ड जोड़ सकते हैं। मौजूदा दौर में गोल्ड एक्सचेंज ट्रेडेड फंड्स (ई.टी.एफ.) और ई-गोल्ड को जोड़ना अपने पोर्टफोलियो में विविधता लाने का एक अच्छा तरीका साबित हो सकता है। इसकी 'पूर्ण सुरक्षित' स्थिति को ध्यान में रखते हुए सोने के एक अच्छे निवेश का साधन साबित होने की पूर्ण संभावना है। हालाँकि इस कीमती धातु की वैश्विक कीमतें नई ऊँचाई पर हैं, लेकिन इसके बावजूद इसके मूल तत्त्व सोने की तेजड़िया प्रवृत्ति के प्रति समर्थन का रुख बनाए हुए है। आज के तेजी से बदलते और असंतुलित आर्थिक परिदृश्य में स्टॉक/इक्विटी की कीमतों की तुलना में सोने की कीमतों में गिरावट होने की बहुत कम संभावना है।

आइए, 15 वर्षों में भारत में सोने की कीमतों की तुलना करें—

तालिका-4

वर्ष	महीना/वर्ष	सोने की कीमत* (रु.)	विकास का प्रतिशत
1	जून-03	5,230	
2	जून-04	5,900	12.81
3	मार्च-05	6,090	3.22
4	मार्च-06	7,510	23.32
5	मार्च-07	8,730	16.25

6	मार्च-08	12,980	48.68
7	मार्च-09	15,170	16.87
8	मार्च-10	16,980	11.93
9	मार्च-11	20,220	19.08
10	मार्च-12	26,620	31.65
11	मार्च-13	27,600	3.68
12	मार्च-14	27,329	−0.98
13	मार्च-15	24,100	11.82
14	मार्च-16	26,270	9.00
15	मार्च-17	28,852	9.83

** सोने का उस महीने का प्रति 10 ग्राम औसत बाजार बंद भाव (रुपए में)।*

तालिका-4 से स्पष्ट है कि मार्च 2017 तक के दौरान 14 वर्ष की अवधि में सोने के दामों में 451.66 प्रतिशत की वृद्धि हुई है। तालिका से पता चलता है कि जून 2003 से मार्च 2017 के बीच सोने के निवेश में वर्ष-दर-वर्ष औसतन 32.26 प्रतिशत की सालाना दर से वृद्धि हुई है। मार्च 2007 में 10 ग्राम सोने में किया गया निवेश 10 वर्ष की अवधि के दौरान मार्च 2017 में 230.49 प्रतिशत की दर से बढ़ा है। पिछले 10 वर्षों के दौरान मार्च 2017 तक औसत वार्षिक वृद्धि 23.05 प्रतिशत रही, जबकि इसी अवधि के दौरान सी.ए.जी.आर. 12.70 प्रतिशत ही रही है।

नीचे प्रदर्शित सचित्र बार चार्ट सोने की स्थिति दरशाता है—

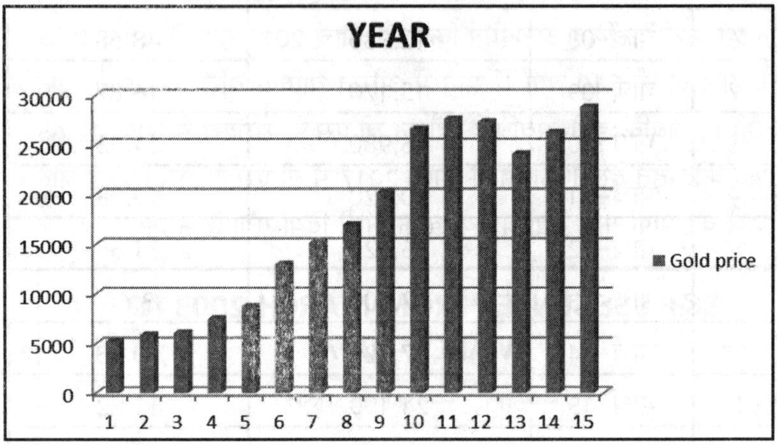

चित्र-4 : 15 वर्ष के लिए सोने की कीमत का बार चार्ट

इस बात की पूरी संभावना है कि दीर्घावधि में निवेश के किसी अन्य साधन में निवेश करने के मुकाबले सोने में निवेश करने से कहीं अधिक रिटर्न प्राप्त हो सकता है। इसके अलावा, ऐसा भी हो सकता है कि 20 वर्ष बाद सोने का दौर बिल्कुल विपरीत हो जाए, जैसा कि आज के अधिकांश विश्लेषणों का कहना है। इसके अलावा, अपनी सारी बचत को सिर्फ गोल्ड/गोल्ड ई.टी.एफ./ई-गोल्ड/गोल्ड फंड में लगाना काफी अधिक जोखिम से भरा है। भारत सरकार ने एक योजना प्रारंभ की है, जिसके जरिए सार्वजनिक क्षेत्र के बैंकों और डाकघरों के माध्यम से भौतिक सोने को इकट्ठा करके निवेशक को एक निश्चित प्रतिशत का भुगतान किया जाता है। अब सरकार प्रतिवर्ष न्यूनतम 2.5 प्रतिशत भुगतान के साथ गोल्ड बॉण्ड भी जारी करती है। आजकल भावी निवेशक भी इसके चलते लाभ में रहते हैं। ये सभी उपाय अल्पावधि में सोने की कीमतों को नियंत्रित करते हैं। गोल्ड, गोल्ड बॉण्ड, ई-गोल्ड और गोल्ड ई.टी.एफ. में कोई बड़ा निवेश करते समय सतर्क रहना बेहतर रहता है।

आखिर क्यों निवेश के क्षेत्र में सोने की भूमिका इतनी अधिक महत्त्वपूर्ण होती है?

बीते 9 वर्षों में सोने की कीमतों में तेजी से हुई बढ़ोतरी ने लोगों को सोने में निवेश करने के लिए आकर्षित किया है। मार्च 2017 तक के आँकड़ों पर नजर डालें तो बीते 10 वर्षों में सोने में औसत वार्षिक वृद्धि 23.05 प्रतिशत की रही है, जबकि इसी अवधि के दौरान बी.एस.ई. सेंसेक्स में सिर्फ 12.65 प्रतिशत की बढ़त देखने को मिली। मार्च 2017 में बी.एस.ई. सेंसेक्स का बीते 14 वर्षों का मापा गया रेखाचित्रीय खाका नीचे दिया गया है—

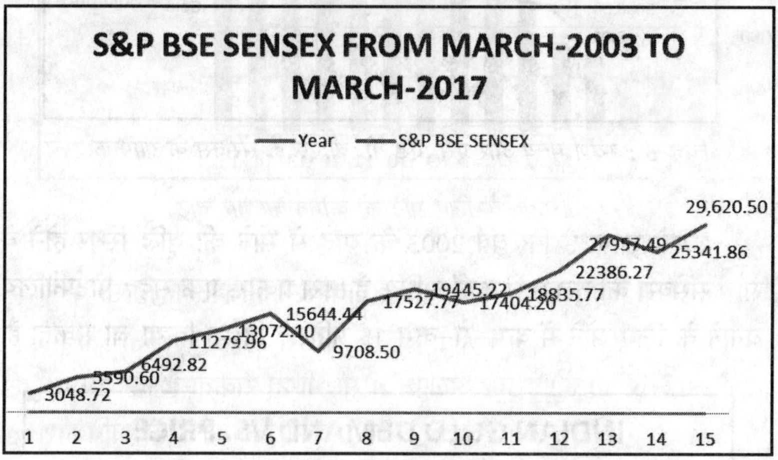

चित्र-5 : 14 वर्ष के लिए एस. एंड पी. बी.एस.ई. सेंसेक्स का वार्षिक ग्राफिक दृश्य

आइए, हम बीते 14 वर्षों में सोने की कीमत और सेंसेक्स के बीच तुलना करें। सोने की कीमत बनाम बी.एस.ई. सेंसेक्स का रेखाचित्रीय खाका नीचे दिया गया है—

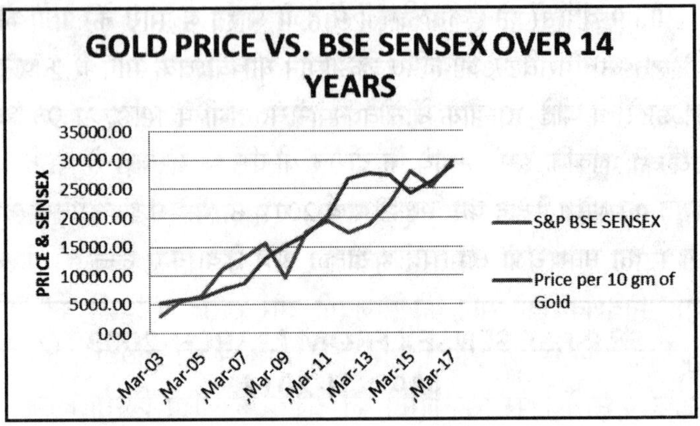

चित्र–6 : स्वर्ण मूल्य और एस. एंड पी. बी.एस.ई. सेंसेक्स के ग्राफिक दृश्य

इससे स्पष्ट है कि वर्ष 2003 के बाद से सोने की वृद्धि स्थिर होने के साथ सेंसेक्स की तुलना में कहीं अधिक है। इस प्रकार, एक सुदृढ़ पोर्टफोलियो बनाने के लिए सोने में कम–से–कम 15 प्रतिशत निवेश किया जा सकता है।

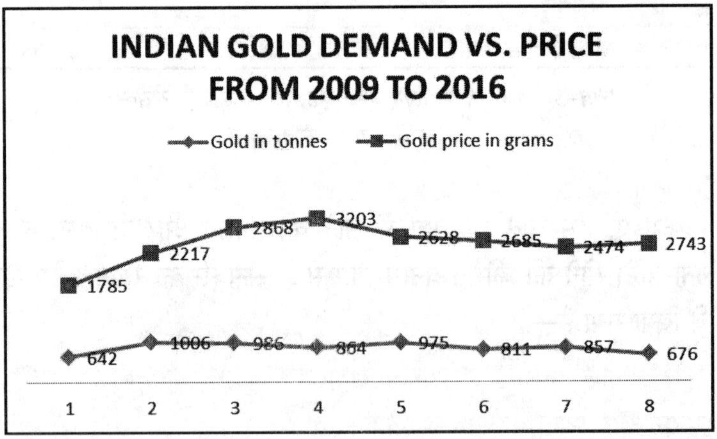

चित्र–7 : भारत में 8 वर्ष के लिए सोने की माँग और स्वर्ण मूल्य का ग्राफिक दृश्य

***स्रोत :** वर्ल्ड गोल्ड काउंसिल साइट और बिजनेस स्टैंडर्ड द्वारा 04.02.16 को प्रकाशित लेख से लिये गए आँकड़े।*

आँकड़े दिखाते हैं कि वर्ष 2016 में भारत में सोने की माँग में 21.12 प्रतिशत की गिरावट आई है, जबकि सोने की वैश्विक माँग में 2 प्रतिशत की वृद्धि दर्ज की गई; हालाँकि बीते वर्ष सोने के दामों में 10.87 प्रतिशत की वृद्धि दर्ज की गई।

एक्सचेंज ट्रेडेड फंड (ई.टी.एफ.) ऐसे ओपन-एंडेड म्यूचुअल फंड हैं, जो स्टॉक एक्सचेंजों की तरह सूचीबद्ध और ट्रेड किए जाते हैं। गोल्ड ई.टी.एफ. निवेशकों को सोने की मौजूदगी और खरीद व बिक्री की अनिवार्यता के बिना सोने के बुलियन बाजार में हिस्सा लेने की सुविधा प्रदान करता है। स्टॉक एक्सचेंज पर सिक्योरिटी की ट्रेडिंग के जरिए हिस्सा लिया जाता है। जब सोने की कीमतों में वृद्धि होती है तो सोने के ई.टी.एफ. की कीमत के साथ-साथ ई-गोल्ड की कीमत भी ऊपर जाती है और जब सोने की कीमत में गिरावट आती है तो सोने के ई.टी.एफ. के साथ-साथ ई-गोल्ड की कीमत भी कम हो जाती है।

आखिर क्यों कोई सोने में निवेश करने की जगह गोल्ड ई.टी.एफ. या ई-गोल्ड में निवेश करने को प्राथमिकता दे सकता है? सोने के इलेक्ट्रॉनिक स्वरूप की कीमत प्रत्यक्ष सोने के मुकाबले कम होती है। प्रत्यक्ष सोने की खरीद और बिक्री पर बनवाई का शुल्क देना पड़ता है। इसके अलावा, घर में सोने को रखना खतरे से भरा होता है। ई.टी.एफ. और ई-गोल्ड में बीमा एवं संचयन में आनेवाली लागत शामिल नहीं होती है।

दूसरे, पूरे भारत में कीमतों में एकरूपता आज निवेशकों को ई.टी.एफ. और ई-गोल्ड में निवेश के लिए आकर्षित करती है। पूरे देश में एक ही समय में कहीं भी स्क्रीन आधारित कीमतों के माध्यम से गोल्ड ई.टी.एफ. और ई-गोल्ड खरीदा व बेचा जा सकता है; जबकि सोने के गहनों की कीमतें सुनार और स्थान के साथ बदलती रहती हैं।

तीसरा, कोई भी इलेक्ट्रॉनिक गोल्ड की छोटी मात्रा (जैसे—1 ग्राम गोल्ड ई.टी.एफ. और ई-गोल्ड) खरीद व बेच सकता है, जो कि बाजार और बैंकों में उपलब्ध सोने की छड़ों में संभव नहीं है।

एक आम आदमी भी अब एस.आई.पी. के माध्यम से हर महीने 1 ग्राम इलेक्ट्रॉनिक सोना खरीद सकता है और दीर्घावधि में एक अच्छी रिटर्न कमा सकता है। अभी बाजार में नौ से दस गोल्ड ई.टी.एफ. उत्पाद उपलब्ध हैं, जिनमें एस.बी.आई. गोल्ड, रिल गोल्ड, यू.टी.आई. गोल्ड, क्वांटम गोल्ड, गोल्ड बीज, एच.डी.एफ.सी. गोल्ड, कोटक गोल्ड, एक्सिस गोल्ड, बिरला गोल्ड और आई.डी.बी.आई. गोल्ड इत्यादि प्रमुख हैं।

तालिका-5

5.10.2016 के अनुसार गोल्ड ई.टी.एफ. में होनेवाली रिटर्न का विश्लेषण

सं.	गोल्ड ई.टी.एफ.*	परिसंपत्ति (करोड़ रु.)	6 माह (%)	1 वर्ष (%)	3 वर्ष (%)	5 वर्ष (%)
		16.06.2016				
1.	जी.एस. गोल्ड बी.ई.एस.	1,722.96	1.85	10.40	0.90	7.40
2.	आर शेयर्स गोल्ड ई.टी.एफ.	1,391.18	1.85	9.80	–0.40	6.20
3.	एस.बी.आई.– ई.टी. एफ. गोल्ड	977.54	1.75	10.30	0.70	7.50
4.	एच.डी.एफ.सी. गोल्ड एक्सचेंज ट्रेडेड फंड	614.36	1.75	10.10	0.30	6.70
5.	कोटक गोल्ड ई.टी. एफ.	495.78	1.75	10.20	0.20	6.60
6.	यू.टी.आई. गोल्ड एक्सचेंज ट्रेडेड फंड	477.62	1.85	10.50	0.60	7.10
7.	एक्सिस गोल्ड ई.टी. एफ.	232.47	1.65	10.10	0.40	6.70

8.	आई.डी.बी.आई. गोल्ड एक्सचेंज ट्रेडेड फंड	98.95	1.85	10.40	0.80	--
9.	बिरला सन लाइफ गोल्ड ई.टी.एफ. (जी.)	81.75	1.75	10.30	−0.10	7.20
10.	कैन गोल्ड एक्सचेंज ट्रेडेड फंड	80.22	2.55	11.70	−1.00	--
11.	क्वांटम गोल्ड फंड	63.16	1.75	10.10	0.40	7.00
12.	इन्वेस्को इंडिया गोल्ड ई.टी.एफ.	43.69	1.75	10.20	0.40	7.20
13.	मोतीलाल ओसवाल एम.ओ.एस.टी. शेयर गोल्ड ई.टी. एफ.	29.66	−4.15	−6.10	−12.00	--

**1 वर्ष से अधिक की रिटर्न को वार्षिक कर दिया गया है।*

स्रोत : http://www.moneycontrol.com/india/mutualfunds/mfinfo/competition/MLI347 दिनांक 25.10.2016

10 अक्तूबर, 2016 को बीते 5 वर्षों में गोल्ड ई.टी.एफ. की रिटर्न का वार्षिक प्रतिशत निम्नलिखित है—

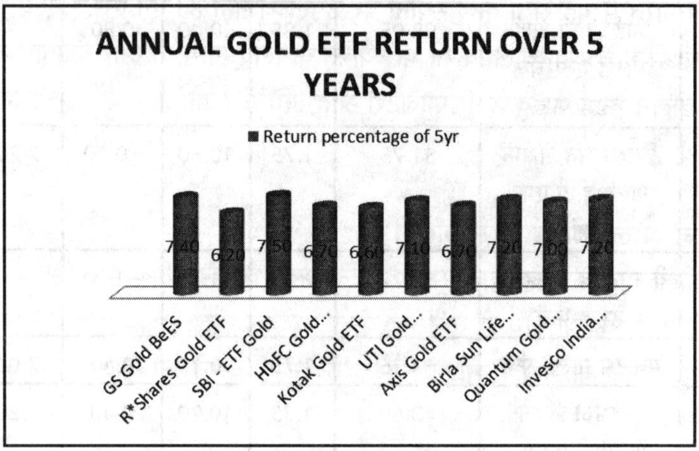

चित्र–8 : 5 वर्षों में गोल्ड ई.टी.एफ. रिटर्न

एस.बी.आई. गोल्ड ई.टी.एफ. और जी.एस. गोल्ड बी.ई.एस. में 25 अक्तूबर, 2016 तक बीते 5 वर्षों में क्रमशः 7.5 प्रतिशत और 7.4 प्रतिशत की वार्षिक रिटर्न प्राप्त हुई; जबकि अन्य सभी फंडों में मिलनेवाली रिटर्न 6.20 प्रतिशत और 7.20 प्रतिशत के बीच रही।

कोई भी एक डीमैट खाता खोलकर नेशनल स्पॉट एक्सचेंज लिमिटेड (एन.एस.ई.एल.) में ई–गोल्ड खरीद व बेच सकता है। ई–गोल्ड एक प्रकार की डिजिटल गोल्ड मुद्रा है, जो निवेशक को अपने डीमैट खाते से वास्तविक सोने का व्यापार करने या फिर उसका लाभ उठाने में सक्षम बनाता है। गोल्ड ई.टी.एफ. और ई–गोल्ड के बीच मुख्य अंतर यह है कि गोल्ड ई.टी.एफ. एक एक्सचेंज–ट्रेडेड म्यूचुअल फंड स्कीम है, जबकि ई–गोल्ड में सोना वास्तविक रूप से डीमैटेरियलाइज्ड रूप में रखा गया है, जिसकी खरीद या बिक्री नेशनल स्पॉट एक्सचेंज लिमिटेड (एन.एस.ई.एल.) के जरिए इलेक्ट्रॉनिक रूप से की जा सकती है।

हमारे देश में अभी भी लोग स्थानीय स्वर्णकारों और बैंकों से ही सोने के सिक्के खरीदना पसंद करते हैं। इलेक्ट्रॉनिक प्लेटफॉर्म के माध्यम से ट्रेडिंग का हिस्सा अभी बेहद सीमित है, क्योंकि अधिकांश लोगों के पास डीमैट खाता

नहीं है। भारत में यह सेवा कुछ स्थानों पर उपलब्ध नहीं है। एन.एस.ई.एल. ने ई-गोल्ड में रुचि रखनेवाले किसी भी व्यक्ति के लिए लाभार्थी और व्यापारिक खाते खोलने के लिए कुछ डिपॉजिटरी प्रतिभागियों (डी.पी.) को सूचीबद्ध भी किया है।

सॉवरेन गोल्ड बॉण्ड (एस.जी.बी.)

पीली धातु के चाहनेवाले संभावित निवेशकों के लिए अब भारत सरकार आर.बी.आई. के सहयोग से एक नई योजना लेकर आई है, जिसमें निवेशक के पास कागज के रूप में गोल्ड बॉण्ड में निवेश करने का विकल्प मौजूद है। बॉण्ड को 1 ग्राम सोने के मूल्य के लिए जारी किया जाएगा, जिसकी कीमत आर.बी.आई. द्वारा तय की जाएगी। इसका लॉक-इन पीरियड 8 वर्ष का होगा, जिसमें 5 वर्ष बाद बाहर निकलने का विकल्प मौजूद रहेगा, जिसके लिए सरकार निवेश के प्रारंभिक मूल्य पर 2.75 प्रतिशत सालाना की एक निश्चित दर पर अर्धवार्षिक आधार पर प्रतिफल देगी।

'बिजनेस स्टैंडर्ड' द्वारा 21 अक्तूबर, 2016 को 23 अक्तूबर, 2016 तक विभिन्न श्रृंखलाओं में प्रति ग्राम निर्गम मूल्य का विवरण प्रकाशित किया गया है, जो निम्नलिखित है—

तालिका-6

श्रृंखला	निर्गम मूल्य (रु. प्रति ग्राम)	मूल्य (रु. प्रति ग्राम)	शुल्क	
			किलो	करोड़ में रु.
2015-I	2,684	3,150	917	246.20
2016-I	2,600	3,012	2,790	746.00
2016-II	2,916	2,987	1,128	329.00
2016-III	3,119	3,080	2,950	919.00
2016-IV	3,150	3,050	2,370	820.00

** बी.एस.ई. में 21 अक्तूबर, 2016 का मूल्य स्रोत : पी.आई.बी./बी.एस.ई.*

छठा सॉवरेन गोल्ड बॉण्ड (एस.जी.बी.) सोमवार, 24 अक्तूबर, 2016 को खुला। आर.बी.आई. ने घोषणा की कि गोल्ड बॉण्ड की दर 2,957 रुपए प्रति ग्राम होगी, जो कि इंडिया बुलियन एंड ज्वैलर्स एसोसिएशन द्वारा पिछले सप्ताह घोषित किए गए सोने के दाम से 50 रुपए कम है; और ब्याज दर 2.75 प्रतिशत से घटाकर 2.5 प्रतिशत पर तय की। अब तक आठ शृंखलाएँ लॉन्च की गई हैं। इनमें से सात शृंखलाओं को सूचीबद्ध किया गया है। बाजार में प्रचलित छोटी बचत योजनाओं सहित अन्य साधनों में सरकारी दरों में गिरावट के कारण बॉण्ड की ब्याज दर में कमी की गई है।

सॉवरेन गोल्ड बॉण्ड (एस.जी.बी.) का क्या लाभ है

- एक्सचेंजों पर कारोबार किए जाने के कारण इसकी लिक्विडिटी (नकदी या नकदी के लिए आसानी से परिवर्तनीय होने के नाते ऋण देने की क्षमता) बेहद आसान है।
- एस.जी.बी. डीमैट और कागज—दोनों रूपों में उपलब्ध होगा।
- यह निवेश की गई पूँजी और ब्याज—दोनों पर श्रेष्ठ गारंटी हासिल करेगा।
- ऋण के लिए एस.जी.बी. का उपयोग सोने की तरह समानांतर प्रतिभूति के रूप में किया जा सकता है।

सरकार द्वारा वित्तीय वर्ष के दौरान बैंकों और नामित डाकघरों के माध्यम से जारी किए जाने के बाद आप 500 ग्राम तक के गोल्ड बॉण्ड खरीद सकते हैं। ये गोल्ड ई.टी.एफ. के मुकाबले अधिक फायदेमंद हैं।

पहली शृंखला के तहत आर.बी.आई. ने नवंबर 2015 में 1 ग्राम गोल्ड बॉण्ड के लिए 2,684 रुपए की कीमत तय की है। भारत सरकार ने बाहर निकलने के विकल्प की समयावधि को बढ़ाकर छठे और सातवें वर्ष तक कर दिया है। एस.जी.बी. में निवेश करने की न्यूनतम सीमा 1 ग्राम, जबकि अधिकतम 500 ग्राम है।

गोल्ड ई.टी.एफ. के मुकाबले एस.जी.बी. के लाभ

एस.जी.बी. के साथ सबसे बड़ी परेशानी यह है कि यह सिर्फ एक निश्चित समय के लिए ही खुलता है, जबकि आप गोल्ड ई.टी.एफ. को किसी भी कार्य-दिवस को व्यापार के घंटों के दौरान स्टॉक एक्सचेंज के जरिए खरीद सकते हैं। ई.टी.एफ. के मामले में आपको डीमैट शुल्क चुकाना पड़ता है, जिसका एक्सपेंस रेशियो लगभग 1 प्रतिशत के आसपास होता है; जबकि यदि आपके पास एस.जी.बी. कागज के रूप में है तो यह शून्य है।

अंततः, आपको कुल मिलाकर सालाना 2.5 प्रतिशत का ब्याज अर्जित करना है। एस.जी.बी. में वापसी का प्रतिशत हमेशा गोल्ड ई.टी.एफ. के मुकाबले अधिक होता है। आप प्रतिवर्ष ब्याज तो अर्जित कर ही सकते हैं, साथ ही इन्हें बेचने पर आपको बिना किसी कर को चुकाए पूँजी भी मिलती है। यह बैंक में की जानेवाली एफ.डी. और गोल्ड ई.टी.एफ. के मुकाबले अधिक कर-कुशल है।

सोने में निवेश को कौन से कारक प्रभावित करते हैं?

- सोने की वैश्विक कीमत
- यू.एस. फेड द्वारा ब्याज दरों में बढ़ोतरी किया जाना
- सरकार द्वारा आयात शुल्क में कमी
- किसी देश की राजनीतिक व्यवस्था में बदलाव

अल्पावधि में, सरकार द्वारा आयात शुल्क में कमी की संभावना होने पर सोने की कीमतें कम हो सकती हैं और यदि यू.एस. फेड 2017 के दौरान ब्याज दरों में बढ़ोतरी करता है तो अगले वर्ष अधिक बढ़ोतरी होगी।

गोल्ड/ई-गोल्ड/गोल्ड ई.टी.एफ./गोल्ड बॉण्ड में कब निवेश करें?

सोने में निवेश करने के लिए सबसे बेहतर समय वह होता है, जब किसी देश की मुद्रास्फीति पूरी तरह से नियंत्रित हो और आनेवाले वर्षों में उसके स्थिर रहने की उम्मीद होने के साथ राष्ट्रीय मुद्रा के मूल्य को नीचे रखे। बाजार के रुझान इसके नीचे जाने के संकेत पहले ही दे देते हैं, जैसे

बियर मार्केट और राजनीतिक उथल-पुथल आपके देश की मुद्रा के भविष्य के अवमूल्यन के द्योतक हो सकते हैं। इसके अलावा, आर.बी.आई. द्वारा और अधिक मुद्रा को मुद्रित करने की घोषणा करना भी सोने में निवेश करने के लिए एक अच्छे समय का संकेत हो सकता है।

विश्लेषक आपको अपने पोर्टफोलियो में 10 से 15 प्रतिशत तक सोना शामिल करने की सलाह देते हैं, क्योंकि यह पोर्टफोलियो में दीर्घावधि के लिए विविधता लाने में मदद करने के साथ अस्थिरता को कम करता है।

कुल मिलाकर, यह कहा जा सकता है कि देश में राजनीतिक अस्थिरता की दशा में, बियर स्टॉक मार्केट की स्थिति में और राष्ट्रीय मुद्रा का अवमूल्यन होने पर सोने में निवेश का लाभ उठाया जा सकता है।

आइए, बीते 14 वर्षों में सोने की कीमतों के आधार पर हम 20 वर्षों के लिए सोने की कीमतों के पूर्वानुमान को रेखाचित्रीय खाके से जानते हैं—

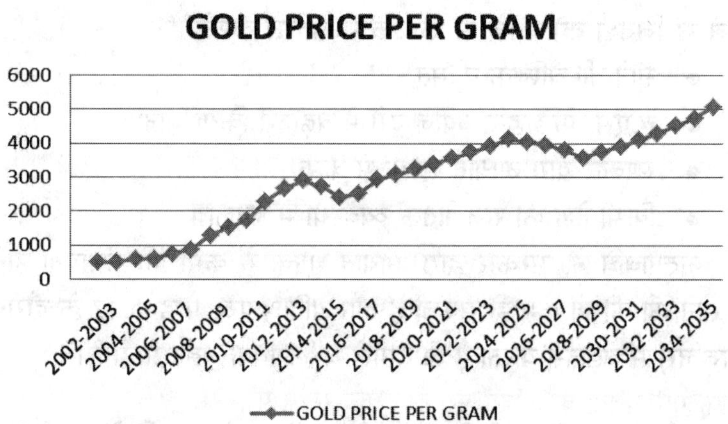

चित्र-9 : 20 वर्ष के लिए सोने की कीमतों का आकलन

यह रेखाचित्रीय खाका वर्ष 2002-03 से लेकर 2012-13 के मध्य के 10 वर्षों के दौरान सोने के दामों में वृद्धि को दरशाता है और उसके बाद के

दो वर्षों में गिरावट। वर्ष 2002–03 से लेकर 2015–16 के मध्य के लिए वार्षिक वास्तविक औसत मूल्य लिया गया है और 2016–17 से 2034–35 तक वार्षिक रूप से प्रतिवर्ष 5 प्रतिशत की औसत वार्षिक वृद्धि के आधार पर पूर्वानुमान लगाया गया है।

अन्य निवेशों की तुलना में यह बैंक में की जानेवाली एफ.डी. की ही तरह बिल्कुल पारदर्शी है। वित्तीय योजना तैयार करते समय निर्वाह खर्च में होनेवाली वृद्धि को ध्यान में रखना बेहद आवश्यक है; लेकिन हमेशा बदलती रहनेवाली आर्थिक स्थिति के दौर में यह एक बार में किया जानेवाला काम नहीं है। जोखिम, प्रतिफल एवं रिटर्न और देश के कर ढाँचे को ध्यान में रखते हुए समय-समय पर वित्तीय योजना की समीक्षा की जानी चाहिए।

कर लाभ

पहले, गोल्ड ई.टी.एफ. को म्यूचुअल फंड वाले कर ढाँचे का स्वरूप मिला हुआ था, जबकि सोने पर संपत्ति कर के अलावा आय कर भी लागू होता था।

हालाँकि वित्तीय वर्ष 2015–16 के बाद से गोल्ड और गोल्ड ई.टी. एफ. रखने के तीन वर्ष बाद ही लॉन्ग टर्म कैपिटल गेन टैक्स लगाया जाता है। एक सॉवरेन गोल्ड बॉण्ड (एस.जी.बी.) पर अर्जित ब्याज को कर से मुक्त किया गया। यदि गोल्ड बॉण्ड तीन वर्ष से पहले बेचे जाते हैं तो लाभ एक टैक्स ब्रैकेट के अनुसार कर योग्य होते हैं; जबकि अगर इसे तीन वर्ष के बाद बेचा जाता है तो लाभ को लॉन्ग टर्म कैपिटल गेन (एल.टी.सी.जी.) माना जाएगा और सूचीकरण के साथ 20 प्रतिशत की दर से कर वसूला जाएगा; हालाँकि परिपक्वता के 8 वर्ष पूरा होने तक रखने पर, एस.जी.बी. को भुनाने पर उत्पन्न होनेवाले पूँजीगत लाभ को कर से मुक्त रखा गया है।

“मार्च 2017 को समाप्त हुए वित्तीय वर्ष के दौरान सी.एन.एक्स. निफ्टी में निवेश करनेवाले निवेशकों को 21 प्रतिशत का रिटर्न प्राप्त हुआ। यह उछाल मूल्यांकन गुणकों में किए गए विस्तार के चलते संभव हो पाया। बीते एक वर्ष में सी.एन.एक्स. निफ्टी के लिए प्राइस अर्निंग मल्टीपल 20.28 प्रतिशत से बढ़कर 23.78 प्रतिशत हो गया है। एक ही सूचकांक के लिए मल्टीपल बुक करने की कीमत पहले के 3.01 से बढ़कर 3.47 हो गई है। वैल्युएशन मल्टीपल कॉनोट्स में वृद्धि के चलते मूल्यांकन और डीयर स्टॉक्स में वृद्धि हुई है।”

सूत्र : http://www.moneycontrol.com/news/business/mutual-funds-business/time-to-be-careful-fund-managers-are-shying-away-from-stocks-2244645.html

□

2

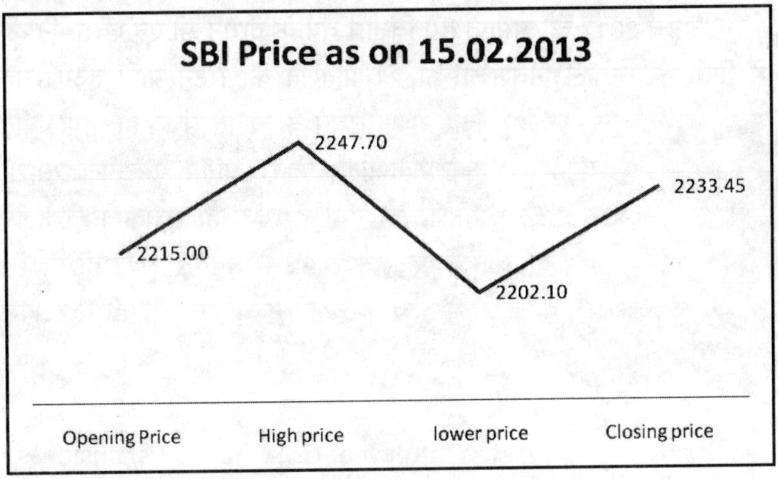

इक्विटी और म्यूचुअल फंड्स

स्टॉक्स और शेयरों में निवेश

प्रतिभूति मूल्य आर्थिक, राजनीतिक और समाजशास्त्रीय कारकों से प्रभावित होते हैं। यह ब्याज दर जोखिम और क्रय शक्ति जोखिम की वजह बनता है। इन्हें सुनियोजित जोखिम कहा जाता है। उपर्युक्त के अलावा प्रतिभूति और म्यूचुअल फंड भी कंपनी की मूलभूत विशेषताओं से प्रभावित होनेवाले अन्य कारक हैं।

निवेशक पूँजीगत लाभ और भविष्य में लाभांश की सकारात्मक दर अर्जित करने के क्रम में इक्विटी और इक्विटी से संबंधित उत्पादों में प्रत्यक्ष निवेश करते हैं। अगर निवेश सोच-समझकर और ठीक ढंग से किया गया है तो निवेशक द्वारा कल्पना किए गए जोखिम के अनुपात में रिटर्न काफी अधिक होगा। कंपनी के बढ़ने और वर्ष-दर-वर्ष लाभांश घोषित करने पर ही निवेशक को भी लाभांश प्राप्त होता है। पूँजीगत लाभ उसी स्थिति में मिलता है, जब बाजार का रुझान ऊपर की तरफ हो और स्टॉक की कीमत उसके खरीद मूल्य के मुकाबले बढ़ी हुई हो, जो आमतौर पर प्रति शेयर की वृद्धि से जुड़ा हुआ होता है। वहीं दूसरी ओर, यदि शेयर का मूल्य खरीद मूल्य से कम है तो निवेशक को पूँजीगत हानि का सामना करना पड़ता है। पूँजीगत लाभ/हानि का निर्धारण धारण काल के आधार पर किया जाता है। किसी भी पोर्टफोलियो में इक्विटी के प्रतिशत की गणना निवेशक की उम्र और जोखिम उठाने की उसकी प्रवृत्ति के आधार पर की जाती है।

इक्विटी की कीमतें कंपनी से कंपनी और कार्यक्षेत्र से कार्यक्षेत्र के लिए

अलग-अलग होती हैं, जिन्हें आधारभूत और तकनीकी विश्लेषणों के जरिए मापा जा सकता है। एक निवेशक को कंपनी के वित्तीय लेखे-जोखे को देखने के साथ उद्योग से जुड़ी अन्य कंपनियों से उसकी तुलना करनी चाहिए। एक आधारभूत विश्लेषण के दौरान कंपनी को प्रति शेयर आय (ई.पी.एस.), पी./ई. अनुपात, लाभ सीमा, इक्विटी पर ऋण, विभाजित उपज और प्राइस टू बुक वैल्यू रेशियो के अलावा पी.ई.जी. अनुपात (ग्रोथ रेशियो के लिए पी./ई.) के माध्यम से कंपनी की शेयर की कीमत की प्रवृत्ति को मापा जाता है। वहीं दूसरी ओर, तकनीकी विश्लेषण, ग्राफ और परिणाम के जरिए अतीत में शेयरों के थोक भाव के साथ-साथ दिन के कारोबार को साझा करता है। तकनीकी विश्लेषण एक द्विआयामी चार्ट के अंकन के जरिए किसी शेयर की ऐतिहासिक कीमत के आधार पर शेयर की कीमत में उतार-चढ़ाव की भविष्यवाणी करता है।

मान लेते हैं कि कंपनी 'ए' का मौजूदा बाजार मूल्य 1,560 रुपए है। आँकड़ों के आधार पर कंपनी 'ए' के शेयरों का मूल्यांकन निम्नलिखित होगा—

तालिका-7

			मिलियन में रु.	
विवरण/वर्ष	वित्त वर्ष-16	वित्त वर्ष-17	वित्त वर्ष-18	वित्त वर्ष-19
	वास्तविक	अनुमानित		
बिक्री रु.	10,000	12,000	14,600	17,500
राजस्व में वृद्धि (प्रतिशत)	26.58	20.00	21.67	19.86
कर के बाद लाभ रु.	1,548	1,789	2,245	2,772
इक्विटी शेयरों की संख्या	30	30	30	30

वर्तमान बाजार मूल्य (सी.पी.)	1,560	1,560	1,560	1,560
ई.पी.एस.रु.	51.60	59.63	74.83	92.40
सी.पी. के आधार पर पी./ई. का अनुपात	30.23	26.16	20.85	16.88

ई.पी.एस. = (शुद्ध आय – वरीय स्टॉक पर लाभांश) /औसत बकाया सामान्य शेयर।

मूल्य आय अनुपात (पी/ई) = बाजार मूल्य/ई.पी.एस.

राजस्व वृद्धि के आधार पर 1,848 रुपए का लक्षित मूल्य (टी.पी.), जो वित्त वर्ष 19 ई. (20'92.40) का ई.पी.एस. है और 20 प्रतिशत सालाना का अनुमान है।

इससे स्पष्ट होता है कि एक निवेशक कंपनी 'ए' के शेयरों में आज की तारीख तक निवेश करता है और कंपनी के वित्त वर्ष 2016 के आकलन के आधार पर एक वर्ष के भीतर अपेक्षित मूल्य 18.46 प्रतिशत बढ़ जाएगा।

इक्विटी निवेश में जोखिम

इक्विटी में हमेशा लाभकारी आर्थिक गतिविधि या अन्य गतिविधियों में कुछ हद तक जोखिम होता है। देश में जब कंपनियाँ और उद्योग बढ़ते हैं, तभी आर्थिक विकास होता है। दूसरी ओर, अगर कुछ कारणों के चलते कंपनियों और उद्योगों की वृद्धि में गिरावट आती है तो देश की अर्थव्यवस्था नकारात्मक हो जाती है या धीरे-धीरे बढ़ती है। पूँजी बाजारों के बेहतर रुझान को जानने के लिए आर्थिक विश्लेषण करना अति आवश्यक है। इसलिए एक निवेशक को शेयर की कीमत का अनुमान लगाने के लिए सकल घरेलू उत्पाद (जी.डी.पी.), मौद्रिक नीति और चल निधि, सी.ए.डी. स्थिति, ब्याज दरों, मुद्रास्फीति, रोजगार के अवसरों, आगत कारकों की वृद्धि, राजकोषीय नीति और उपभोक्ताओं के विचारों जैसे आर्थिक साधनों का विश्लेषण करना होगा। इनके चलते ब्याज दर का जोखिम और क्रय शक्ति का जोखिम सामने आ सकता है। उपर्युक्त

के अलावा, कंपनी की आधारभूत विशिष्टताओं के चलते प्रतिभूति भी प्रभावित होती है। इसे व्यावसायिक जोखिम भी कहा जाता है। इक्विटी आधारित साधनों में निवेश अच्छा रिटर्न देता है, हालाँकि रिटर्न के बाजार की अस्थिरता के अधीन होने के चलते हर किसी को सावधान रहना चाहिए।

शेयर बाजार को पूर्ण रूप से कॉरपोरेट सेक्टर की वृद्धि और देश के संपूर्ण आधारभूत आर्थिक कारकों के अलावा मनोवैज्ञानिक बाजारों द्वारा संचालित किया जाता है।

निवेशक का व्यवहार

निवेशक के व्यवहार के स्वरूप शेयर या म्यूचुअल फंड्स में निवेश करने के आधार अलग-अलग होते हैं। खुदरा निवेशक बाजार के बढ़ने की स्थिति में पूँजी बाजार में प्रवेश करते हैं और बाजार के नीचे जाते ही बाहर हो जाते हैं। वे आमतौर पर बाजार में होनेवाली उथल-पुथल के दौरान नुकसान को उठाते हैं और कभी वापस नहीं आने के लिए बाहर हो जाते हैं। शेयर की कीमतों में कम समय के लिए होनेवाला परिवर्तन अकसर निवेशक के व्यवहार के चलते होता है। निवेशक का व्यवहार अकसर खरीदने या बेचने के निर्णय के आधार पर बदलता रहता है। यह अनियमित, विरोधाभासी और कभी-कभी मूर्खतापूर्ण हो सकता है। निवेशकों के इस अनिश्चित व्यवहार के चलते ही कई बार बाजार में सटोरियों का बोलबाला हो जाता है। आमतौर पर, निवेशकों में अपने कौशल और ज्ञान को बहुत अधिक आँककर चलने की प्रवृत्ति होती है। वे आमतौर पर ऐसी जानकारी पर भरोसा करते हैं, जो उनके मन को भानेवाली होती हैं और विरोधाभासी जानकारी की उपेक्षा करते हैं। निवेशक बुरी खबरों पर तीव्र प्रतिक्रिया दिखाते हैं और अच्छी खबरों पर उनकी प्रतिक्रिया बेहद धीमी होती है।

निवेशक प्रारंभ में तो शेयर बाजार में दीर्घावधि में एक बड़ा कोष तैयार करने का सपना लेकर अपने कदम रखता है, हालाँकि बाजार की अस्थिरता के चलते वे जल्द ही ट्रेडर बन जाते हैं और अल्पावधि में लाभ कमाते हैं।

यह साबित हुआ है कि ट्रेडर्स जोखिम नहीं लेने के परिणामस्वरूप कम रिटर्न कमाते हैं। दूसरी तरफ, ट्रेडर्स बाजार के ऊपर जाने पर कम समय में पैसा बनाने के इरादे से निवेश करते हैं। लेकिन दुर्भाग्य से, बाजार में होनेवाली उथल-पुथल के चलते वे निवेशक बन जाते हैं। आज एक ऐसे निवेशक को तलाशना बेहद मुश्किल है, जिसका उद्देश्य अंततोगत्वा धन का सृजन करना है।

बाजार का व्यवहार

बाजार के रुझान का अंदाजा लगाना बेहद मुश्किल है। पूँजी बाजार आंतरिक और बाहरी—दोनों ही साधनों द्वारा संचालित होता है। सामाजिक-आर्थिक स्थितियाँ, मुद्रास्फीति और ब्याज दर, वैश्विक घटनाएँ, किसी देश की राजनीतिक स्थिरता, विनिमय दर में बदलाव, कंपनी का प्रदर्शन और उसकी व्यवस्था जैसे कारक बाजार को नियंत्रित करते हैं।

निवेशक के मनोभाव और सट्टेबाजों के प्रभाव बाजार की प्रवृत्ति को स्थापित करने में महत्त्वपूर्ण भूमिका निभाते हैं।

पूँजी बाजार को प्रभावित करनेवाले कारक

- देश की अर्थव्यवस्था का विकास
- सी.ए.डी. और मुद्रास्फीति का नियंत्रण
- ब्याज दर में कमी
- सकल घरेलू उत्पाद (जी.डी.पी.) की वृद्धि
- विदेशी मुद्रा रिजर्व की स्थिरता
- राजनीतिक व्यवस्था की स्थिरता
- अनुकूल मॉनसून
- वैश्विक कारक

केंद्र में मजबूत राजनीतिक व्यवस्था और मौजूदा माहौल में आर्थिक सुधार दीर्घकालिक निवेशकों को पूँजी बाजार में निवेश करने और शानदार रिटर्न हासिल करने का अवसर प्रदान करते हैं।

डॉलर सूचकांक

यू.एस. डॉलर इंडेक्स उन चुनिंदा देशों की मुद्रा के सापेक्ष अमेरिकी डॉलर की मजबूती को मापता है, जो अमेरिका के साथ व्यापार में साझेदार हैं। यू.एस. डॉलर इंडेक्स में कमजोरी भारतीय इक्विटी निवेशकों के लिए अच्छी खबर है, क्योंकि यह उभरते बाजारों के प्रति बढ़ते विचारों की द्योतक होती है। अमेरिकी डॉलर इंडेक्स और उभरते बाजारों की मुद्राओं एवं शेयरों का प्रदर्शन इसके प्रतीपक्रम से सह-संबद्ध है।

रिलायंस इंडस्ट्रीज लिमिटेड (आर.आई.एल.) के चार्ट को नीचे देखें—

चित्र-10 : 2009 से 2017 तक RIL PRICE के ग्राफिक व्यू

स्रोत : *moneycontrol.com 17 मार्च, 2017 को।*

तकनीकी विश्लेषण प्रवाह (ऊपर की तरफ/नीचे की तरफ) की पहचान करता है और मात्रा, सूचकांक की सापेक्ष मजबूती, 200 दिनों का बदलता हुआ औसत मूल्य, समर्थन एवं प्रतिरोध इत्यादि को ध्यान में रखता है।

उपर्युक्त ग्राफ में आर.आई.एल. का मूल्य जून 2009 से जून 2012 तक नीचे की ओर जाता दिख रहा है, जबकि उसके बाद ऊपर की ओर।

कोई भी अपने स्वयं के विश्लेषण के जरिए इक्विटी में निवेश कर सकता है या फिर एक वित्तीय सलाहकार की सहायता भी प्राप्त कर सकता है। आइए, एक उदाहरण पर नजर डालते हैं—

मान लेते हैं कि एक निवेशक ने 20 जनवरी, 2017 को 978 रुपए प्रति शेयर की दर से कंपनी 'ए' के शेयर खरीदे और 16 जनवरी, 2018 को सभी शेयरों को 730 रुपए प्रति शेयर की दर पर बेच दिया। ऐसे में 24,800 रुपए की अल्पकालिक पूँजीगत हानि उठानी पड़ी, जिसे सिर्फ अल्पकालिक पूँजीगत लाभ के जरिए ही समायोजित किया जा सकता है। अगर वही निवेशक 20 जनवरी, 2017 को 330.65 रुपए की दर से कंपनी 'बी' के 200 शेयर खरीदता है और 26 दिसंबर, 2017 को 377.90 रुपए की दर से 100 शेयर बेच दे और 25 जनवरी, 2018 को बचे हुए 100 शेयर 347 रुपए की दर से बेचे तो ऐसे में उसका अल्पकालिक पूँजीगत लाभ बढ़कर 4,725 रुपए और दीर्घकालिक पूँजीगत लाभ 1,635 रुपए हो जाता है।

पूँजीगत लाभ और हानि की समग्र स्थिति निम्नानुसार है—

तालिका-8

शेयर का नाम	धारण करने की अवधि	पूँजीगत लाभ/हानि (–)	टिप्पणियाँ	कर अनुमान
कंपनी 'ए'	< 12 माह	– 24,800.00	अल्पकालिक पूँजीगत हानि	कोई कर देय नहीं
कंपनी 'बी'	< 12 माह	4,725.00	अल्पकालिक पूँजीगत लाभ	आय कर स्लैब के अनुसार कर योग्य
	कुल	– 20,075.00	अल्पकालिक पूँजीगत हानि	कोई कर देय नहीं
कंपनी 'बी'	> 12 माह	1,635.00	दीर्घकालिक पूँजीगत लाभ	प्रतिभूति लेन-देन कर (एस.टी.टी.) के भुगतान के आधार पर आय कर से मुक्त

उपर्युक्त उदाहरण से स्पष्ट है कि निवेशक को वर्ष 2017-18 के दौरान 20,075 रुपए की अल्पकालिक पूँजीगत हानि (एस.टी.सी.एल.)

उठानी पड़ी, जो किसी अन्य प्रकार की आय में समायोजित नहीं की जा सकती। एस.टी.सी.एल. को कम-से-कम आगामी 8 वर्षों के लिए जोड़ना पड़ता है, क्योंकि अल्पकालिक पूँजीगत हानि को आय के किसी भी मद के मुकाबले निर्धारित नहीं किया जा सकता है; हालाँकि अगर निवेशक को लाभ (अल्पकालिक पूँजीगत लाभ) प्राप्त होता है तो वह राशि चाहे जितनी भी हो, उसके ऊपर 15 प्रतिशत की दर से कर लगेगा। इसके अलावा, निवेशक लाभांश भी अर्जित करता है। उदाहरण के लिए, अगर निवेशक को वित्त वर्ष 2017-18 में कंपनी 'ए' के शेयरों से 8 रुपए प्रति शेयर और कंपनी 'बी' के शेयरों से 5.55 रुपए प्रति शेयर प्राप्त होता है। प्रचलित आय कर अधिनियम के अनुसार, लाभांश के खाते में आय उत्पन्न हुई और उस पर कोई कर देय नहीं होता है। इसे निवेशक की ओर से पूरी छूट प्राप्त है, क्योंकि निगम पहले ही इस पर लाभांश वितरण कर (डी.डी.टी.) का भुगतान कर चुका है।

वहीं दूसरी ओर, कोई निवेशक कंपनी द्वारा बोनस शेयर जारी किए जाने पर उन्हें प्राप्त कर सकता है। बोनस इशू कंपनी से कंपनी के मामले में भिन्न हो सकते हैं और हो सकता है कि कंपनी द्वारा उन्हें घोषित ही न किया जाए। आय कर के मामले में इन शेयरों की कीमत शून्य आँकी जाती है। अगर ऐसे शेयरों को 12 महीने से अधिक समय तक धारण किया जाए और उसके बाद किसी मान्यता प्राप्त स्टॉक एक्सचेंज में बेचा जाता है तो मिलनेवाला पूँजीगत लाभ कर-मुक्त होता है। इसके विपरीत, यदि उन्हें जारी होने के 12 महीने से पहले ही बेचा जाता है तो पूँजीगत लाभ आय कर अधिनियम की मौजूदा कर दर के अनुसार कर योग्य है। शेयर और डिबेंचर में योजनाबद्ध तरीके से निवेश किया जा सकता है। शेयर को कर में छूट प्राप्त है, जबकि डिबेंचर पर व्यक्तिगत कर स्लैब के अनुसार कर लागू होता है।

शेयर में निवेश के लिए सलाह

- कई कंपनियों के मूल तत्त्वों का अध्ययन करने के बाद ही सही शेयर का चयन करें

- उद्योग के साथ-साथ शेयरों के मूल्य की प्रवृत्ति पर भी बारीक नजर रखें
- सही समय पर प्रवृत्ति का पूर्वानुमान लगाते हुए वांछित रिटर्न प्राप्त करें
- बाजार के सटोरियों द्वारा संचालित किए जा रहे शेयरों से बचें
- ऐसे प्रबंधन में निवेश करें, जो अपने क्षेत्र और व्यवसाय को अच्छी तरह से समझते हैं और व्यवसाय में समय के साथ आनेवाले बुरे व अच्छे चरणों का अंदाजा लगाते हुए जीतने के लिए आवश्यक नेतृत्व के गुण से युक्त हों।

कंपनी और म्यूचुअल फंड के स्टॉक का चयन करते समय वित्तीय एवं अन्य अति सूक्ष्म कारकों के साथ निम्नलिखित बिंदुओं पर विचार किया जाना चाहिए—

- कॉरपोरेट प्रशासन पर ध्यान
- अपने व्यवसाय के प्रति प्रबंधन के विचार
- कॉरपोरेट प्रतिस्पर्धी लाभ और स्थायी वित्तीय विकास
- दीर्घकालिक कॉरपोरेट दृष्टि और लक्ष्य
- स्टॉक का व्यापार आधार
- सुरक्षा की उचित दूरी बनाए रखें
- मजबूत नकदी प्रवाह और वापसी का अनुपात
- स्टॉक चुनकर प्रारंभ से आगे बढ़ना।

"सही समय पर सही उत्पाद में निवेश करने का विचार निवेश की एक अच्छी रणनीति है।"

म्यूचुअल फंड

भारत में पहला म्यूचुअल फंड यू.टी.आई. द्वारा सन् 1964 में लॉन्च किया गया था। वर्तमान में, 44 से अधिक म्यूचुअल फंड कंपनियों (ए.एम.सी.) ने भारत में हजारों फंड्स लॉन्च किए हैं। प्रत्येक म्यूचुअल फंड एक अलग कंपनी है। म्यूचुअल फंड को बढ़ावा देनेवाले व्यक्ति को 'प्रायोजक' कहा जाता है। प्रायोजक म्यूचुअल फंड को बाजार में उतारने के लिए ट्रस्टी और एसेट मैनेजमेंट कंपनी/फर्म स्थापित करता है। इसी वजह से, म्यूचुअल फंड वित्तीय लक्ष्य की प्राप्ति के लिए निवेशक के पैसे को जोड़नेवाला एक ट्रस्ट है। एच.डी.एफ.सी., एच.एस.बी.सी., आई.सी.आई.सी.आई. बैंक जैसे बैंक या फिर डी.एस.पी., रिलायंस जैसे ब्रोकरेज हाउस, एल.आई.सी. जैसी बीमा कंपनी या फ्रैंकलिन टेंपल्टन जैसे स्वतंत्र वित्तीय मध्यस्थ प्रायोजक हो सकते हैं। प्रायोजक, ट्रस्टी और ए.एम.सी. के साथ एक म्यूचुअल फंड का स्वरूप निम्नलिखित होता है—

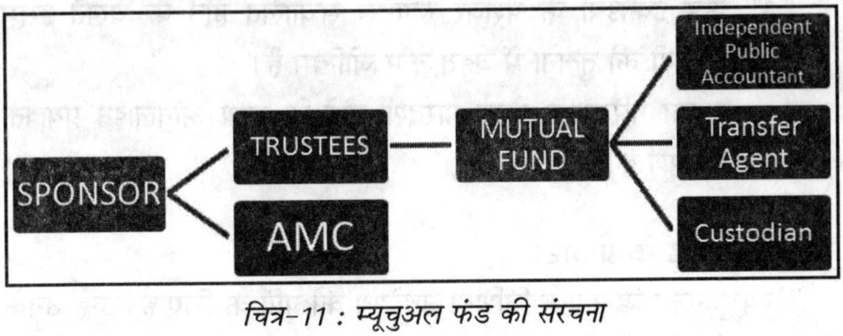

चित्र–11 : म्यूचुअल फंड की संरचना

प्रायोजक एक म्यूचुअल फंड को ट्रस्ट के रूप में स्थापित करने के बाद उसे नियामक (SEBI) के साथ पंजीकृत करता है। ट्रस्टियों द्वारा नियुक्त ए.एम.सी. म्यूचुअल फंड को बाजार में उतारता है एवं ए.एम.सी. द्वारा म्यूचुअल फंड के लिए तय किए गए दिशा-निर्देशों और समझौतों के अनुसार फंड का प्रबंधन करता है। म्यूचुअल फंड यूनिट-धारकों का पैसा अपने पास रखता है और उन उद्देश्यों की प्राप्ति के लिए फंड मनी का उपयोग करता है, जिसके लिए इसे स्थापित किया गया है। ट्रस्टियों द्वारा नियुक्त कस्टोडियन आवश्यक कस्टोडियन सेवाएँ देता है। ए.एम.सी. द्वारा नियुक्त बैंकर म्यूचुअल फंड का प्रबंधन करने के लिए आवश्यक बैंकिंग सेवाएँ प्रदान करते हैं। ए.एम.सी. द्वारा नियुक्त म्यूचुअल फंड के रजिस्ट्रार एवं ट्रांसफर एजेंट रजिस्ट्रार सेवाएँ प्रदान करते हैं और म्यूचुअल फंड द्वारा निवेश के रूप में पाई गई प्रतिभूतियों के लिए ट्रांसफर एजेंट के रूप में कार्य करते हैं।

म्यूचुअल फंड में निवेश करने के क्या फायदे हैं?

1. यह आपके धन को विभिन्न परिसंपत्तियों में बदल रहा है। आप म्यूचुअल फंड के जरिए सोने, ऋण या इक्विटी फंड में निवेश कर सकते हैं। आप कई तरह के निवेश उत्पादों में निवेश कर सकते हैं।
2. त्वरित नकदी-प्राप्ति—आप अपने धन को रिडेंपशन की तारीख से तीन दिनों के भीतर प्राप्त कर सकते हैं; लेकिन इसमें नियत परिपक्वता योजना का मामला अपवाद है।
3. फंड इकाइयों के पेशेवर रूप से संचालित होने के चलते इसमें इक्विटी की तुलना में बहुत कम जोखिम है।
4. इसका परिचालन बेहद पारदर्शी होने के साथ ऑनलाइन प्रयोक्ता मैत्रीपूर्ण है।

म्यूचुअल फंड के प्रकार*

म्यूचुअल फंड्स एक विशिष्ट उद्देश्य की पूर्ति के लिए हैं। उन्हें उनके निवेश उद्देश्यों और उनके पास मौजूद प्रतिभूतियों के प्रकार के आधार पर

एक-दूसरे से अलग किया जा सकता है। म्यूचुअल फंड्स मुख्य रूप से दो श्रेणी के होते हैं—ओपन-एंड फंड और क्लोज-एंड फंड। ओपन-एंडेड फंड्स किसी भी समय यूनिट इश्यू और रिडीम कर सकते हैं, जबकि एक क्लोज-एंडेड फंड सिर्फ फंड खोलने के समय ही निवेशकों को यूनिट्स जारी करता है, जिन्हें सिर्फ मैच्योरिटी की तारीख के बाद ही रिडीम किया जा सकता है। क्लोज-एंडेड फंड में संचालन के दौरान अपेक्षाकृत यूनिफॉर्म यूनिट कैपिटल होती है। इसी वजह से क्लोज-एंडेड फंड के मामले में म्यूचुअल फंड स्कीम का प्राथमिक बाजार में उतरना संभव नहीं है; हालाँकि ओपन-एंडेड और क्लोज-एंडेड फंड्स का व्यापार सेकंडरी बाजार में होता है, जहाँ उन्हें निवेशकों द्वारा पोर्टफोलियो वैल्यू, जिसे नेट एसेट वैल्यू (एन.ए.वी.) कहा जाता है, पर खरीदा और बेचा जाता है। एक निवेशक ओपन-एंड म्यूचुअल फंड में दिन के अंत के नेट एसेट वैल्यू (एन.ए.वी.) पर निवेश कर सकता है। ओपन-एंड म्यूचुअल फंड में एक निवेशक सीधे म्यूचुअल फंड हाउस या उसके द्वारा नामित किए गए एजेंट के जरिए इकाइयाँ खरीदता है। इसके अलावा, एन.एस.ई. के जरिए भी निवेश किया जा सकता है।

वैश्विक बाजार में फैले अनिश्चितता के माहौल के बीच म्यूचुअल फंड उद्योग अब अधिक विशेषज्ञता प्राप्त हो गया है। हम म्यूचुअल फंड द्वारा निवेश किए जाने वाले इक्विटी फंड, बॉण्ड फंड, हाइब्रिड फंड, मनी मार्केट फंड और लिक्विडिटी फंड जैसी प्रतिभूतियों के आधार पर उसे वर्गीकृत कर सकते हैं।

हम म्यूचुअल फंड्स को निवेश के उद्देश्यों के आधार पर और अधिक वर्गीकृत भी कर सकते हैं।

प्रत्येक फंड के कई अलग-अलग उद्देश्य होते हैं और वे उनके अनुसार ही विभिन्न निवेशकों को सेवाएँ प्रदान करते हैं।

ग्रोथ फंड में निवेश करने से मध्यम से लंबी अवधि में पूँजी में मूल्य-वृद्धि होती है; जबकि इन्कम फंड का ध्यान निरंतर आय कमाने पर होता है

और पूँजी में मूल्य-वृद्धि इनके केंद्र में नहीं होती है। इक्विटी इन्कम फंड्स उन शेयरों में निवेश करते हैं, जिनमें मूल्य के मामले में अधिक उतार-चढ़ाव नहीं देखने को मिलता, लेकिन जो वर्ष-दर-वर्ष नियमित रूप से लाभांश प्रदान करते हैं।

म्यूचुअल फंड्स को उनके रिस्क प्रोफाइल के आधार पर भी वर्गीकृत किया जाता है। इक्विटी फंड्स में हाइब्रिड/डायवर्सिफाइड फंड्स की तुलना में पूँजीगत हानि का खतरा अधिक होता है। इसके विपरीत, डेब्ट फंड नियमित आय उत्पन्न करते हुए निवेशक की पूँजी बचाने की कोशिश करते हैं। एक वर्ष या उससे कम समय के लिए प्रतिभूतियों में निवेश करनेवाले मनी मार्केट फंड में डेब्ट फंड की तुलना में कम मार्केट रिस्क (जोखिम) होता है। जोखिम को आमतौर पर कम जोखिम, मध्यम जोखिम और उच्च जोखिम के रूप में वर्गीकृत किया जा सकता है। इसलिए म्यूचुअल फंड को जोखिम वहन करनेवाली प्रतिभूतियों के आधार पर वर्गीकृत किया जा सकता है। कम जोखिम (अल्ट्रा शॉर्ट टर्म और लिक्विड फंड) से लेकर मध्यम जोखिम (डायवर्सिफाइड लार्ज-कैप फंड) से लेकर हाई रिस्क (डायवर्सिफाइड इक्विटी फंड और सेक्टर विशिष्ट फंड) तक—सभी विभिन्न प्रकार के म्यूचुअल फंड्स हैं। आप किसी भी फंड में निवेश से पहले सेबी (SEBI) के दिशा-निर्देशों के चलते अनिवार्य किए गए कलर कोड के आधार पर जोखिम को और अधिक बेहतर तरीके से समझ व जान सकते हैं। कलर कोड एक जोखिम प्रोफाइल पर आधारित प्रणाली पर संचालित होता है—उच्च जोखिमवाले उत्पादों के लिए भूरा, मध्यम जोखिम के लिए पीला और कम जोखिम के लिए नीला।

सेबी (SEBI) के दिशा-निर्देशों के अनुसार सभी म्यूचुअल फंड्स कंपनियों के लिए बाजार में उतारे जानेवाले सभी उत्पादों से जुड़े जोखिम से संबंधित सामग्री का प्रकाशन आवश्यक है।

आइए, हम उत्पादों के विवरण और जोखिम की श्रेणी का विश्लेषण करते हैं—

यह उत्पाद उन निवेशकों के लिए उपयुक्त है, जो नियमित आय के साथ-साथ पूँजी में मूल्य-वृद्धि भी चाहते हैं। दीर्घावधि में ऋण और मुद्रा बाजार लेख-पत्रों के साधनों में निवेश करने के साथ पूँजी में मूल्य-वृद्धि प्राप्त करने के लिए इक्विटी और इक्विटी से संबंधित उपकरणों में रिटर्न प्राप्त करने के लिए।

कम जोखिम (नीला)

नोट—जोखिम को निम्नलिखित रूप में प्रदर्शित किया जाता है—

(नीला) निवेशकों को पता रहेगा कि उनके मूलधन पर जोखिम कम होगा।

(पीला) निवेशकों को पता रहेगा कि उनके मूलधन पर मध्यम जोखिम होगा।

(भूरा) निवेशकों को पता रहेगा कि उनके मूलधन पर उच्च जोखिम होगा।

चित्र-12 : सेबी द्वारा म्यूचुअल फंड उत्पाद से संबंधित कलर कोड का जोखिम निरूपण

संक्षेप में, म्यूचुअल फंड स्टॉक, बॉण्ड और अन्य सरकारी अल्पकालिक प्रतिभूतियों का एक संग्रह है, जिसमें ट्रेजरी बिल, वाणिज्यिक पत्र, वचन-पत्र और जमा के प्रमाण-पत्र शामिल हैं। निवेशक म्यूचुअल फंड में या तो खुले बाजार के माध्यम से या फिर स्टॉक एक्सचेंज के माध्यम से निवेश करते हैं और निवेश की गई राशि के अनुपात में शेयर/यूनिट्स प्राप्त करते हैं। म्यूचुअल फंड द्वारा जारी प्रतिभूतियों को यू.एस.ए. में शेयर्स और भारत में यूनिट्स कहा जाता है।

"शेयरों पर रिटर्न और म्यूचुअल फंड में निवेश हमेशा बाजार के जोखिम के अधीन होते हैं। अपने पैसे को समझदारी से लगाएँ और निवेश पर वांछित लाभ प्राप्त करें।"

म्यूचुअल फंड्स से आय

एक निवेशक म्यूचुअल फंड्स के माध्यम से दो तरीकों से अपने निवेश पर पैसा कमा सकता है—लाभांश आय और पूँजी अधिमूल्यन। म्यूचुअल फंड्स में निवेश करनेवाला निवेशक या तो लाभांश को साकार रूप में लेने या फंड में पुनर्निवेश करने या फिर फंड के एन.ए.वी. का अधिमूल्यन करने के लिए विकास का विकल्प चुन सकता है। दूसरे शब्दों में कहें तो म्यूचुअल फंड्स में निवेश निवेशक को पूँजीगत लाभ/हानि देने के साथ लाभांश भी देता है, जब वर्ष-दर-वर्ष फंड बढ़ने की स्थिति में फंड्स-धारकों के लिए लाभांश घोषित किया जाता है।

एक निवेशक को एक इक्विटी म्यूचुअल फंड के लिए कितनी कीमत चुकानी पड़ती है?

म्यूचुअल फंड में निवेश करनेवाले निवेशकों द्वारा वहन की जानेवाली लागत को बिक्री शुल्क और वार्षिक परिचालन व्यय के रूप में वर्गीकृत किया जा सकता है।

बिक्री शुल्क

यह लेन-देन के समय निवेशक के खाते से डेबिट किया जानेवाला एकमुश्त शुल्क है। निवेशक से पहली बार डेबिट किए गए शुल्कों को 'एंट्री लोड' के रूप में जाना जाता है। रिडेंप्शन या फिर शेयरों के एक फंड से दूसरे फंड में आदान-प्रदान पर लगाए जाने पर इसे 'एक्जिट लोड' कहा जाता है। फिलहाल, म्यूचुअल फंड एंट्री लोड 'शून्य' है, हालाँकि एग्जिट लोड 1 प्रतिशत से 1.5 प्रतिशत के बीच है।

व्यय अनुपात

लागत की दूसरी कड़ी होती है फंड में आनेवाले वार्षिक परिचालन व्यय, जिसे 'व्यय अनुपात' कहा जाता है। यह प्रतिवर्ष फंड की परिसंपत्तियों से फंड के प्रायोजक द्वारा डेबिट किया जाता है। इस प्रकार के खर्चों की तीन मुख्य श्रेणियाँ होती हैं—प्रबंधन शुल्क, वितरण शुल्क और अन्य खर्च। किसी निष्क्रिय पड़े हुए इंडेक्स फंड के मामले में यह व्यय कम हो सकता है; हालाँकि एक सक्रिय रूप से संचालित होनेवाले स्टॉक फंड के मामले में यह व्यय अच्छा-खासा हो सकता है।

व्यय अनुपात से स्पष्ट होता है कि एक निवेशक प्रतिवर्ष अपने पैसे का प्रबंधन करने के क्रम में फंड में कितने प्रतिशत का भुगतान करता है। उदाहरण के लिए, अगर आप 1.5 प्रतिशत व्यय अनुपातवाले एक फंड में 1,00,000 रुपए का निवेश करते हैं तो ऐसा करते हुए आप अपने पैसे का प्रबंधन करने के लिए फंड को 1,500 रुपए का भुगतान कर रहे हैं। दूसरे शब्दों में कहा जाए तो अगर कोई फंड 10 प्रतिशत की कमाई करता है और उसका व्यय अनुपात 1.5 प्रतिशत है तो इसका सीधा-सा मतलब है कि निवेशक को 8.5 प्रतिशत का रिटर्न हुआ।

कम व्यय अनुपात का मतलब यह नहीं होता कि वह एक बेहतर प्रबंधित फंड है। एक अच्छा फंड वह होता है, जो न्यूनतम खर्च के साथ अच्छी रिटर्न देता है। 28 फरवरी, 2017 को आठ बड़े कैप और डायवर्सिफाइड फंड के व्यय अनुपात का विवरण नीचे प्रस्तुत किया गया है—

तालिका-9

क्रम	फंड का नाम	व्यय अनुपात – नियमित योजना (प्रतिशत)	व्यय अनुपात – प्रत्यक्ष योजना (प्रतिशत)	डी.पी. में बचत (प्रतिशत)
1.	एच.डी.एफ.सी. इक्विटी फंड–जी	2.03	1.33	0.70
2.	फ्रैंकलिन इंडिया प्राइमा प्लस–ग्रोथ	2.24	1.08	1.16
3.	यू.टी.आई. इक्विटी फंड–ग्रोथ	2.09	1.61	0.48
4.	एस.बी.आई. ब्लूचिप–ग्रोथ	1.98	1.06	0.92
5.	रिलायंस इक्विटी अपॉर्च्युनिटी–ग्रोथ	1.98	1.34	0.64
6.	बिरला सन लाइफ फ्रंटलाइन इक्विटी–ग्रोथ	2.19	1.07	1.12
7.	आई.डी.एफ.सी. प्रीमियर इक्विटी–ग्रोथ	2.00	1.29	0.71
8.	आई.सी.आई.सी.आई. प्रू वैल्यू डिस्कवरी फंड–ग्रोथ	2.01	0.87	1.14
9.	कोटक 50	2.18	1.00	1.18
10.	कोटक क्लासिक इक्विटी	2.69	1.24	1.45
11.	डी.एच.एफ.एल. प्रामेरिका लार्ज कैप	2.95	1.52	1.43

म्यूचुअल फंड एन.ए.वी. शुल्क और खर्चों के प्रतिवेदित शुद्ध हैं। इसलिए यह जानना आवश्यक है कि फंड कितना शुल्क ले रहा है, क्योंकि फंड को प्रबंधित करने के लिए जितना अधिक प्रयास और कौशल आवश्यक होता है, प्रबंधन शुल्क उतना ही अधिक होगा और यह फंड के रिटर्न को प्रभावित करता है। चूँकि यह नियमित (प्रतिवर्ष) लिया जाता है, दीर्घावधि

में व्यय अनुपात कंपाउंडिंग के दम पर आपकी रिटर्न को निगल सकता है।

आपने हिसाब लगाया था कि एक नियमित म्यूचुअल फंड में 5,00,000 रुपए का एकमुश्त निवेश सालाना 12 प्रतिशत का रिटर्न प्रदान करेगा, जिसके फलस्वरूप 30 वर्षों के भीतर 1,49,79,961 रुपए का कोष तैयार हो जाएगा। अगर इसी रकम को सीधे एक म्यूचुअल फंड कंपनी के जरिए निवेश किया जाता तो 1 प्रतिशत के व्यय अनुपात की कमी के चलते उपर्युक्त रकम 13 प्रतिशत सालाना का रिटर्न देती, जिसके फलस्वरूप आपके पास 1,95,57,949 रुपए (1 करोड़ 95 लाख 57 हजार 949) का कोष होगा।

कल्पना कीजिए कि व्यय अनुपात में 1 प्रतिशत की कमी ने ही 45,77,988 रुपए (45 लाख 77 हजार 988) की अतिरिक्त राशि अर्जित की। 5,00,000 रुपए के निवेश और रिटर्न की स्थिति निम्नानुसार होगी—

तालिका-10

विवरण	20 वर्ष बाद राशि (रु.)	30 वर्ष बाद राशि (रु.)
कुल निवेश	5,00,000	5,00,000
प्रतिवर्ष 12 प्रतिशत की रिटर्न मानें तो	48,23,147	1,49,79,961
1 प्रतिशत के कम व्यय अनुपात के कारण प्रतिवर्ष 13 प्रतिशत रिटर्न	57,61,544	1,95,57,949
कम व्यय के कारण अतिरिक्त राशि अर्जित	9,38,397	45,77,988
कुल निवेश पर अतिरिक्त रिटर्न का प्रतिशत	187.67 प्रतिशत	915.60 प्रतिशत
प्रतिवर्ष रिटर्न का औसत प्रतिशत	9.38 प्रतिशत	30.52 प्रतिशत

यह है कंपाउंडिंग का दम!

अलग-अलग फंड के व्यय अनुपात भी अलग-अलग होते हैं। लेकिन भारतीय प्रतिभूति और विनिमय बोर्ड ने फंड के लिए शुल्क वसूलने की एक सीमा निर्धारित की है। इक्विटी फंड अधिकतम 2.5 प्रतिशत वसूल सकते हैं, जबकि डेब्ट फंड औसत साप्ताहिक शुद्ध परिसंपत्ति का 2.25 प्रतिशत वसूल सकते हैं।

एस.आई.पी. ट्रांसपोर्टेशन पर व्यय अनुपात का प्रभाव

मान लें कि दो निवेशक श्रीमान एक्स और श्रीमान वाई फ्रैंकलिन इंडिया प्राइमा प्लस फंड में 3,000 रुपए के मासिक एस.आई.पी. के साथ निवेश करते हैं, जिसमें श्रीमान एक्स ने एक रेगुलर प्लान ग्रोथ का विकल्प चुना और श्रीमान वाई ने डायरेक्ट प्लान ग्रोथ का विकल्प।

दस वर्ष के सी.ए.जी.आर. के आधार पर यह माना गया कि फंड प्रतिवर्ष 14 प्रतिशत की रिटर्न देगा। यदि हम केवल व्यय अनुपात पर विचार करें तो 20 वर्ष और 30 वर्ष के बाद दोनों निवेशक एस.आई.पी. के माध्यम से कितनी राशि अर्जित करेंगे?

तालिका-11

विवरण/निवेशक	श्रीमान एक्स	श्रीमान वाई
प्रतिमाह एस.आई.पी. (रु.)	3,000	3,000
कुल कितने महीने निवेश किया	240/360	240/360
व्यय अनुपात से पूर्व रिटर्न की अनुमानित दर	14 प्रतिशत	14 प्रतिशत
व्यय अनुपात	2.20 प्रतिशत	1.27 प्रतिशत
शुद्ध रिटर्न (प्रतिशत)	**11.80 प्रतिशत**	**12.73 प्रतिशत**
20 वर्षों के बाद कोष (रु.)	29,17,428	33,11,258
30 वर्षों के बाद कोष (रु.)	1,01,28,609	1,24,75,417

हम देखते हैं कि डायरेक्ट इन्वेस्टमेंट ग्रोथ विकल्प के चलते श्रीमान वाई 360 महीने के एस.आई.पी. के माध्यम से श्रीमान एक्स के मुकाबले 23,46,808 रुपए (1,24,75,417–1,01,28,609 रुपए) प्रॉफिट कमाने में सफल होते हैं, वह भी बिना कोई अतिरिक्त प्रयास किए।

पोर्टफोलियो टर्नओवर रेशियो

आप इस बात की उम्मीद करते हैं कि आपका फंड मैनेजर बाजार के उतार–चढ़ाव का लाभ उठाने के लिए उचित समय पर खरीदने या बेचने का फैसला ले। शेयर बाजार में खरीद व बिक्री के प्रत्येक लेन–देन पर एक ब्रोकरेज कॉस्ट शामिल होती है। कायदे से तो इस ब्रोकरेज कॉस्ट को म्यूचुअल फंड द्वारा वहन किया जाना चाहिए, लेकिन वे ऐसा न करके इसे अपने निवेशकों पर डाल देते हैं। इस प्रकार, निवेशकों को अपनी ओर से फंड द्वारा किए गए व्यापार के लिए भुगतान करना पड़ता है। जाहिर है, ट्रेडिंग की मात्रा जितनी अधिक होगी, संबंधित लागत उतनी ही अधिक होगी। अधिक ट्रेडिंग लागत के कारण फंड रिटर्न कम हो जाता है।

एक कम पोर्टफोलियो टर्नओवर इस बात का द्योतक है कि आपका फंड मैनेजर ठीक दिशा में आगे नहीं बढ़ रहा है। ऊँची दर सुझाती है कि बहुत अधिक प्रयास हो रहा है, जिसके फलस्वरूप बाजार के उतार–चढ़ाव का लाभ उठाने के अवसर से हाथ धोना पड़ सकता है। वहीं दूसरी ओर, उच्च कारोबार की स्थिति आने पर व्यय भी बढ़ता है, जिसका नतीजा होता है खराब मनोदशा, और यह पूरे बाजार को अस्थिर बना देता है।

टर्नओवर रेशियो दिखाता है कि आपका फंड मैनेजर कितनी ट्रेडिंग कर रहा है। 100 प्रतिशत टर्नओवर रेशियो दिखाता है कि फंड मैनेजर ने दी गई अवधि के दौरान शेयरों की ट्रेडिंग के जरिए अपना पूरा पोर्टफोलियो ही बदल दिया है।

अपट्रेंड और डाउनट्रेंड मार्केट में कैसे काम करता है एस.आई.पी.?

आइए, जानते हैं कि एक एस.आई.पी. एक अपट्रेंड और डाउनट्रेंड बाजार में कैसे काम करता है—

तालिका-12

महीना	म्यूचुअल फंड की प्रति यूनिट एन.ए.वी. (रु. में)	
	अपट्रेंड	डाउनट्रेंड
जनवरी	10	10
फरवरी	10.80	9.50
मार्च	11.90	9.00
अप्रैल	12.60	8.00
मई	14.50	7.90
जून	15.00	7.00
जुलाई	16.90	6.00
अगस्त	17.50	5.90
सितंबर	17.80	5.00
अक्तूबर	18.00	4.90
नवंबर	18.10	4.50
दिसंबर	18.50	4.20
कुल मूल्य	181.60	81.90
औसत मूल्य	**15.13**	**6.83**
औसत मूल्य पर प्रतिशत (%)	**51.33**	**–31.75**

उपर्युक्त विश्लेषण के आधार पर यदि कोई निवेशक जनवरी के महीने में इक्विटी आधारित म्यूचुअल फंड में 10 रुपए के एन.ए.वी. पर निवेश करता है तो अपट्रेंड मार्केट की स्थिति में इसमें 85 प्रतिशत की बढ़ोतरी होगी, जबकि डाउनट्रेंड मार्केट की स्थिति में 58 प्रतिशत की हानि; हालाँकि एस.आई.पी. के माध्यम से एक अपट्रेंड और डाउनट्रेंड मार्केट में औसत

इकाई मूल्य (एन.ए.वी.) 15.13 रुपए और 6.83 रुपए होगा। यह स्पष्ट रूप से दरशाता है कि गिरावट के दौरान नुकसान का प्रतिशत कम हो जाने के चलते एस.आई.पी. में निवेश एकमुश्त निवेश के मुकाबले बेहतर है। डाउनट्रेंड में एस.आई.पी. निवेश में होनेवाला नुकसान केवल 31.75 प्रतिशत है, जबकि एकमुश्त निवेश के मामले में यह 58 प्रतिशत है।

एस.आई.पी. के जरिए किया गया निवेश बाजार के उतार-चढ़ाव की परवाह किए बिना एक अनुशासित निवेश सुनिश्चित करता है। यह निवेशक को बाजार चक्र के माध्यम से अपनी लागत को मध्यमान करने में मदद करता है और लंबे समय में बिना अधिक जोखिम उठाए अपने लक्ष्य की प्रप्ति के लिए एक बड़ा कोष तैयार करता है।

कोई भी म्यूचुअल फंड में नियमित रूप से दैनिक, पाक्षिक, मासिक या फिर त्रैमासिक रूप से एक एस.आई.पी. में एक नियमित राशि का निवेश कर सकता है।

एक निश्चित परिपक्वता योजना (फिक्स्ड मैच्योरिटी प्लान) क्या है?*

फिक्स्ड मैच्योरिटी प्लान (एफ.एम.पी.) एक निवेशक को ब्याज दर की अस्थिरता से बचानेवाला क्लोज-एंडेड डेब्ट फंड है। इनका कारोबार स्टॉक एक्सचेंज में किया जा सकता है। अन्य डेब्ट फंडों की तरह इन योजनाओं में भी जोखिम की संभावना होती है; जैसे—क्रेडिट जोखिम, ब्याज दर जोखिम और लिक्विडिटी जोखिम।

एक फंड हाउस अकसर एक नए फंड ऑफर (एन.एफ.ओ.) की घोषणा करता है, जिसका स्पष्ट निवेश उद्‍देश्य ऋण, मुद्रा बाजार के साधन और सरकारी प्रतिभूतियों में निवेश के माध्यम से आय उत्पन्न करना होता है।

प्रत्येक एफ.एम.पी. की एक निश्चित अवधि होती है, जिसमें खुलने की तारीख, बंद होने की तारीख, आवंटन की तारीख और परिपक्वता की तारीख शामिल होती है। यह प्रस्ताव निवेश की एक न्यूनतम एवं अधिकतम राशि

और जोखिम कारकों के साथ-साथ लाभांश या वृद्धि का निवेश करने के विकल्प को भी इंगित करता है।

एफ.एम.पी. आमतौर पर डिपॉजिट्स (सी.डी.), कमर्शियल पेपर्स (सी.पी.), मनी मार्केट इंस्ट्रूमेंट्स और कॉरपोरेट बॉण्ड के सर्टिफिकेट में निवेश करते हैं। एफ.एम.पी. पूर्वानुमानित रिटर्न प्रदान करते हैं और ब्याज दर जोखिम के अधीन नहीं होते। एफ.एम.पी. में वार्षिक व्यय अनुपात कम होता है। यह 0.0019 प्रतिशत और 0.01 प्रतिशत के बीच होता है।

एक से तीन वर्ष की अवधि के दौरान एफ.एम.पी. फिक्स्ड डिपॉजिट से बेहतर रिटर्न देते हैं; क्योंकि आपको दो से तीन वित्तीय अवधि तक की होल्डिंग के लिए कोई कर नहीं चुकाना होता है। आज के दौर में लगभग प्रत्येक एसेट मैनेजमेंट कंपनी (ए.एम.सी.) कुछ वित्तीय वर्षों, जो 366 दिनों से लेकर 1,134 दिनों की होल्डिंग अवधि हो सकते हैं, को लॉन्च कर सकती हैं। जैसा कि ऊपर बताया गया है, ये ऐसी वित्तीय संपत्तियाँ हैं तो करों की गणना करते समय हमें एक इंडेक्सेशन लाभ देते हैं।

यदि आप मनमोहक रिटर्न की तलाश में हैं तो एक कर कुशल एफ.एम.पी. में अल्पावधि से लेकर मध्यम अवधि के लॉक-इन पीरियड के लिए निवेश करें। आज की तारीख तक विविधतापूर्ण इक्विटी फंडों के अलावा एफ.एम.पी. ऐसे निवेश उत्पाद हैं, जिन्हें आपके पोर्टफोलियो में जरूर होना चाहिए। विविधीकरण जोखिम को कम करने में मदद करता है।

इसके विपरीत, डेब्ट इंस्ट्रूमेंट्स/इन्वेस्टमेंट पोस्ट टैक्स और मुद्रास्फीति के बाद के कारकों के चलते दीर्घावधि में सकारात्मक रिटर्न नहीं देते हैं। मुद्रास्फीति और कर प्रभाव ऋण परिसंपत्तियों के वास्तविक मूल्य को खत्म कर देते हैं।

जैसा कि पहले उल्लेख किया गया है कि प्रत्येक ऋण साधन (डेब्ट इंस्ट्रूमेंट) निम्नलिखित जोखिमों के अधीन हैं—

1. ऋण जोखिम (क्रेडिट रिस्क)

ऋण जोखिम एक ऐसा जोखिम है, जिसमें कर्जदार सहमत नियमों और शर्तों के अनुसार दायित्वों की पूर्ति करने में असफल रहता है। निवेशक ऐसे उत्पादों में निवेश करने से डरता है, जहाँ कर्जदार की साख संदिग्ध होने के चलते उसके मूलधन के डूबने या नुकसान की संभावना उत्पन्न हो। सहमति की शर्तों के तहत ऋण चुकाने की अनुबंध की बाध्यता को पूरा करने में कर्जदार की विफलता के परिणामस्वरूप होनेवाले संभावित नुकसान को 'ऋण जोखिम' कहते हैं।

2. ब्याज दर जोखिम

ब्याज दर जोखिम एक प्रकार का व्यवस्थित जोखिम है, जो विशेष रूप से बॉण्ड, डिबेंचर, एफ.डी.आर., लिक्विड म्यूचुअल फंड और एफ.एम.पी. जैसी ऋण प्रतिभूतियों को प्रभावित करता है। बॉण्ड, डिबेंचर और एफ.डी. आर. की ब्याज दर या कूपन दर इंस्ट्रूमेंट्स की परिपक्वता तक स्थिर रहती है। बॉण्ड/डिबेंचर की कूपन दर के सापेक्ष बाजार ब्याज दर में बदलाव से इसके बाजार मूल्य में बदलाव होता है। जब बाजार ब्याज दर में वृद्धि होती है तो बॉण्ड/डिबेंचर के बाजार मूल्य में वृद्धि होती है और कमी होते ही घट जाती है। ब्याज दरों में कमी के दौर में तीन वर्षों में परिपक्व होनेवाले बॉण्ड/गिल्ट फंड/एफ.एम.पी. खरीदना फायदेमंद है; क्योंकि यह बॉण्ड के दामों में वृद्धि के कारण अल्पकालिक पूँजीगत लाभ उत्पन्न करता है।

3. चल निधि जोखिम (लिक्विडिटी रिस्क)

चल निधि जोखिम वह जोखिम होता है, जहाँ कर्जदार ऋणदाता की अल्पावधि की माँगों को पूरा करने में असमर्थ होता है। इसका कारण यह है कि उधारकर्ता संपत्ति का व्यापार या बिक्री नहीं करता। बाजार की नाजुक स्थिति जहाँ विक्रेता की संपत्ति खरीदने के लिए कोई संभावित खरीदार उपलब्ध नहीं होना या फिर देश का खराब आर्थिक परिदृश्य इसके पीछे का कारण हो सकते हैं।

सारांश

तीन वर्ष या उससे अधिक की अवधि के लिए कर-मुक्त बॉण्ड/डिबेंचर/एफ.डी.आर. में निवेश करने के बजाय डेब्ट म्यूचुअल फंड और एफ.एम.पी. में निवेश करना बेहतर है। पहले सूचीकरण (इंडेक्सिंग) का लाभ उठाते हैं, जबकि बादवाले को होल्डिंग अवधि के अनुसार कर का भुगतान करना होता है। एक कर-मुक्त बॉण्ड सिर्फ परिभाषा के अनुसार कर-मुक्त है, हालाँकि जब आप बाजार के माध्यम से खरीद व बिक्री करते हैं तो ये प्रपत्र कर योग्य होते हैं। बॉण्ड/डिबेंचर के लिए कोई इंडेक्सेशन लाभ नहीं है और कैपिटल गेन होल्डिंग अवधि के आधार पर कर योग्य हैं, फिर चाहे वह अल्पकालिक हो या दीर्घकालिक।

म्यूचुअल फंड निवेश के लिए सलाह

- म्यूचुअल फंड में एक यूनिट का निवेश करने से पहले ए.एम.सी. के ट्रैक रिकॉर्ड का अध्ययन करें। दीर्घावधि में एक सुसंगत फंड किसी नए की तुलना में अधिक रिटर्न प्रदान करता है।
- शुरुआत में किसी को भी बैलेंस्ड फंड और 65 प्रतिशत या अधिक की इक्विटी के साथ शुरू करना चाहिए।

टैक्स लाभ

शेयरों और म्यूचुअल फंड इकाइयों के लाभांश से एक निवेशक जो कुछ भी कमाता है, वह मौजूदा आय कर अधिनियम के अनुसार कर-मुक्त है। शेयरों और म्यूचुअल फंड इकाइयों को 12 महीनों तक होल्ड करने से कैपिटल गेन टैक्स से छूट का लाभ उठाया जा सकता है। उस स्थिति में होनेवाला पूँजीगत लाभ दीर्घकालिक संपत्ति के रूप में माना जाता है, इसलिए वह कर योग्य नहीं होता।

सभी एस.आई.पी. निवेशों के साथ कर उद्देश्यों के लिए अलग-अलग व्यवहार किया जाता है। यदि कोई अभी बेचता है तो एक वर्ष से अधिक पुराने इक्विटी निवेश पर होनेवाले लाभ को दीर्घकालिक पूँजीगत लाभ के

रूप में मानते हुए उस पर कर से छूट दी जाती है; हालाँकि एस.आई.पी. से पिछले 11 महीनों (एक वर्ष से कम) में मिले लाभ पर 15 प्रतिशत की दर से कर लगेगा। डेब्ट फंड या गोल्ड फंड या बैलेंस फंड के लिए 36 महीने से अधिक समय के लिए रखे गए एस.आई.पी. से मिले लाभ इक्विटी में निवेश किए गए अपने कोष के 65 प्रतिशत से कम होने पर इंडेक्सेशन के बाद 20 प्रतिशत कर लगेगा। अल्पकालिक लाभ को वार्षिक आय में जोड़ा जाएगा और लागू दर पर कर लगाया जाएगा।

वहीं दूसरी ओर, जो लोग लाभांश भुगतान विकल्प चुनते हैं और निवेश पर वार्षिक/त्रैमासिक लाभांश अर्जित करते हैं, उन्हें आय कर से छूट दी जाती है, क्योंकि म्यूचुअल फंड द्वारा पहले से ही लाभांश कर का भुगतान किया जा चुका होता है।

संदर्भ–

*1. स्रोत : रिटायरमेंट प्लानिंग : ए सिंपल गाइड फॉर इंडिविजुअल्स बाय आर.के. मोहापात्रा।

□

3

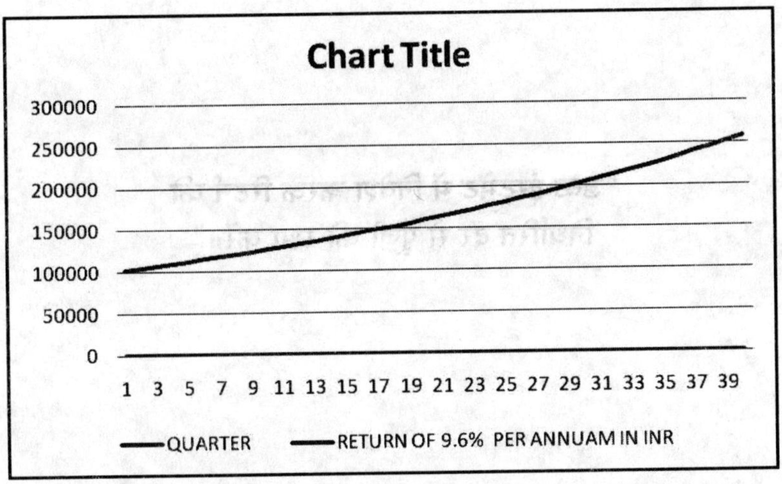
Chart Title
300000
250000
200000
150000
100000
50000
0
1 3 5 7 9 11 13 15 17 19 21 23 25 27 29 31 33 35 37 39
QUARTER
RETURN OF 9.6% PER ANNUAM IN INR

डेब्ट फंड

"डेब्ट इंस्ट्रूमेंट में निवेश करके रिटर्न की निर्धारित दर से पूँजी की रक्षा करें।"

डेब्ट उपकरणों में निवेश

ऋण के साधन (डेब्ट इंस्ट्रूमेंट) एक निश्चित अवधि के भीतर हमेशा ब्याज/आय की एक निश्चित दर वहन करते हैं, जिन्हें दो पक्षों द्वारा खरीदा या बेचा जा सकता है और उस अवधि (परिपक्वता तिथि) के बाद उनका नवीनीकरण करवाया जा सकता है।

ब्याज की दर इंस्ट्रूमेंट्स की अवधि के आधार पर भिन्न होती है। 15 वर्ष के बॉण्ड से मिलनेवाला ब्याज 5 वर्ष या 10 वर्ष के बॉण्ड से अलग होता है। डेब्ट सिक्योरिटीज में सरकारी बॉण्ड, कॉरपोरेट बॉण्ड, कमर्शियल डिपॉजिट, फिक्स्ड/टर्म डिपॉजिट, म्यूनिसिपल बॉण्ड और पसंदीदा स्टॉक शामिल हैं। डेब्ट फंड में शॉर्ट टर्म या लॉन्ग टर्म बॉण्ड्स, सिक्योरिटी प्रोडक्ट्स एवं मनी मार्केट इंस्ट्रूमेंट्स में निवेश शामिल हो सकता है। डेब्ट फंड पूरी तरह से सुरक्षित निवेश है। यह निवेशक को कुछ समय के लिए बिना किसी जोखिमवाला निश्चित रिटर्न देता है। वर्तमान में सभी सरकारी इंस्ट्रूमेंट्स में कोई जोखिम नहीं है।

ऋण सुरक्षा पर ब्याज दर काफी हद तक उधारकर्ता की कथित पुनर्भुगतान की क्षमता से निर्धारित होती है। भुगतान में चूक का अधिक जोखिम लगभग हमेशा उधार की पूँजी के लिए उच्च ब्याज दरों की ओर अग्रसर होता है। भारत में ऐसी बहुत सारी वित्तीय योजनाएँ उपलब्ध हैं।

कोई भी डेब्ट इंस्ट्रूमेंट के लिए लक्ष्य के आधार पर या तो शॉर्ट टर्म या लॉन्ग टर्म निवेश कर सकता है। यदि कोई व्यक्ति अल्पकालिक निवेश करना

चाहता है तो वह डाकघरों, सरकारी बॉण्ड, एम.आई.पी. म्यूचुअल फंड्स या फिक्स्ड डिपॉजिट (एफ.डी.) में निवेश कर सकता है। दूसरी ओर, कोई व्यक्ति पब्लिक प्रोविडेंट फंड (पी.पी.एफ.), नेशनल पेंशन स्कीम (एन.पी.एस.), पाँच वर्ष की रिकरिंग डिपॉजिट, पी.एम.आई.एस., 10/15 वर्ष का इन्फ्रास्ट्रक्चर बॉण्ड, ई.एल.एस.एस., अधिक समयावधि के बैंक जमा (एफ.डी., आर.डी.) और गैर-परिवर्तनीय डिबेंचर (एन.सी.डी.) के रूप में 15 वर्ष की लंबी अवधि का निवेश चुन सकता है।

विभिन्न समयावधियों के लिए सरकारी डेब्ट इंस्ट्रूमेंट्स पर अर्जित ब्याज का विवरण निम्नानुसार है—

तालिका-13

डेब्ट इंस्ट्रूमेंट्स	01.04.2012 को लागू ब्याज प्रतिशत की दर	01.04.2015 को लागू ब्याज प्रतिशत की दर	01.04.2016 से 30.06.2016 तक लागू ब्याज प्रतिशत की दर
1 वर्षीय सावधि जमा	8.2	8.4	7.1
2 वर्षीय सावधि जमा	8.3	8.4	7.2
3 वर्षीय सावधि जमा	8.4	8.4	7.4
5 वर्षीय सावधि जमा	8.5	8.5	7.9
5 वर्षीय आवर्ती जमा (आर.डी.)	8.4	8.4	7.4
5 वर्षीय वरिष्ठ नागरिक बचत योजना (एस.सी.एस.एस.)	9.3	9.3	8.6
5 वर्षीय मासिक आय योजना (एम.आई.एस.)	8.5	8.4	7.8
5 वर्षीय राष्ट्रीय बचत योजना (एन.एस.सी.)	8.6	8.5	8.1

10 वर्षीय एन.एस.सी.	8.9	8.8	लागू नहीं
15 वर्षीय पी.पी.एफ.	8.8	8.7	8.1
किसान विकास पत्र (के.वी.पी.)	लागू नहीं	8.7	7.8
सुकन्या समृद्धि खाता	लागू नहीं	9.2	8.6

**20 दिसंबर, 2015 से बंद*

उपर्युक्त सभी उत्पाद डाकघरों में उपलब्ध हैं और पी.पी.एफ. एवं सुकन्या समृद्धि खाते को छोड़कर सभी पर अर्जित ब्याज वार्षिक आधार पर कर योग्य है। सरकार ने वित्त वर्ष 2015-16 के लिए वरिष्ठ नागरिक बचत योजना की ब्याज दरों में बदलाव की घोषणा करते हुए उसे 9.2 प्रतिशत से बढ़ाकर 9.3 प्रतिशत सालाना किया है। इसके अलावा, सरकार ने वर्ष 2014-15 के लिए सुकन्या समृद्धि खाता योजना की ब्याज दर को प्रतिवर्ष 9.1 प्रतिशत से बढ़ाकर 9.2 प्रतिशत किया है।

1 अप्रैल, 2016 से सभी छोटी बचत सरकारी जमा ब्याज दरों की गणना सरकारी प्रतिभूतियों पर पिछले 3 महीनों में हुई आय के आधार पर की जाएगी। प्रत्येक तिमाही के लिए ब्याज दर पूर्ववर्ती महीने की 15 तारीख को तय की जाएगी। ध्यान दें कि निवेशक को ब्याज दर में जोखिम के चलते उपर्युक्त ऋण साधनों का चयन करते समय बहुत सतर्क रहना चाहिए। अपने वित्तीय लक्ष्यों को प्राप्त करने के लिए अपनी स्वयं की योजना तैयार करते समय सभी चीजों को ध्यान में रखें, विशेष रूप से उल्लिखित महत्त्वपूर्ण बिंदुओं का।

बढ़ती ब्याज दर के परिदृश्य में किसी को भी कम समय (1 से 2 वर्ष) के लिए बैंक सावधि जमा में निवेश करना चाहिए, क्योंकि दीर्घावधि में आय पर इसका प्रतिकूल प्रभाव पड़ेगा। आज की तारीख तक सार्वजनिक और निजी क्षेत्र के बैंक भी 1 से 5 वर्ष की मियादी जमा पर 7.50 प्रतिशत से 8.25 प्रतिशत प्रतिवर्ष की दर से ब्याज दरों की पेशकश करते हैं।

राष्ट्रीय बचत प्रमाण-पत्र (एन.एस.सी.) में निवेश

राष्ट्रीय बचत प्रमाण-पत्र (एन.एस.सी.) 6 वर्ष के लॉक-इन पीरियड वाली निवेश की सुरक्षित प्रविधि है, जो सरकार द्वारा सब्सिडाइज्ड और समर्थित है। इस निवेश विकल्प में कोई ऊपरी सीमा नहीं है। निवेशक प्रतिवर्ष 8.1 प्रतिशत की दर से ब्याज अर्जित करने का हकदार है। एक राष्ट्रीय बचत प्रमाण-पत्र में जमा धन आय कर अधिनियम की धारा 80सी के तहत आता है और निवेशक को 1,50,000 रुपए तक की कर कटौती का लाभ मिलता है। एन.एस.सी. पर हर वर्ष अर्जित ब्याज निवेशक के कर ब्रैकेट की प्रचलित दर के अनुसार आय कर के अधीन है। किसी को भी ऋण उत्पाद चुनते समय कर कारक को अवश्य ध्यान में रखना चाहिए।

डाकघर मासिक आय योजना (पी.एम.आई.एस.) प्रतिशत

कोई भी व्यक्ति डाकघर में नकद/चेक जमा करके एक डाकघर मासिक योजना खाता खोल सकता है और चेक के मामले में एक सरकारी खाते में चेक की प्राप्ति की तारीख खाता खोलने की तारीख होगी। किसी भी डाकघर में कितने भी खाते खोले जा सकते हैं, शर्त बस, इतनी है कि सभी खातों में शेष राशि जोड़कर अधिकतम निवेश सीमा के अधीन होनी चाहिए।

डाकघर मासिक आय योजना की प्रमुख विशेषताएँ इस प्रकार हैं—

तालिका-14

जमा पी.ओ.एम.आई.एस. खाते की अवधि	01.12.2011 से परिपक्वता समय 5 वर्ष है
ब्याज दर और भुगतान अवधि*	1.4.2017 से प्रभावी मासिक 7.6 प्रतिशत सालाना
कर देयता	ब्याज पूर्ण रूप से कराधीन है।
निवेश किसके गुणकों में होना चाहिए	1,500 रुपए

निवेश की अधिकतम सीमा	एकल खाते में निवेश की अधिकतम सीमा 4.5 लाख रुपए और संयुक्त खाते में 9 लाख रुपए है।
निवेश के लिए पात्र न्यूनतम आयु	खाता किसी भी व्यक्ति द्वारा खोला जा सकता है। नाबालिग के नाम से भी खाता खोला जा सकता है और 10 वर्ष से अधिक की उम्र का नाबालिग स्वयं खाता खोल सकता है और संचालित कर सकता है। दो या तीन वयस्कों द्वारा एक संयुक्त खाता खोला जा सकता है। प्रत्येक संयुक्त खाते में सभी संयुक्त खाताधारकों की समान हिस्सेदारी होती है। एक एकल खाते को एक संयुक्त और संयुक्त को एकल में परिवर्तित किया जा सकता है। किसी नाबालिग को वयस्क हो जाने के बाद खाते को अपने नाम में करवाने के लिए आवेदन करना होगा।
समय पूर्व बंद/निकासी की सुविधा	खाता खोलने के 1 वर्ष के बाद, लेकिन 3 वर्ष से पूर्व जमा पर 2 प्रतिशत की छूट के साथ और 3 वर्ष बाद जमा पर 1 प्रतिशत की छूट के साथ खाते को समय से पूर्व बंद करने की अनुमति है।
विनिमय योग्यता	विनिमय योग्य नहीं
नामांकन की सुविधा	खाता खोलने के समय और खाता खोलने के बाद, दोनों ही मौकों पर नामांकन की सुविधा उपलब्ध है।
आवेदन-पत्र कहाँ मिलेंगे	डाकघर

एक जमा कार्यालय से दूसरे में स्थानांतरण	खाता एक डाकघर से दूसरे में स्थानांतरित किया जा सकता है।
कर योग्यता	ब्याज पूरी तरह से कर योग्य है।
क्या पी.ओ.एम.आई.एस. खाते पर टी.डी.एस. लागू होता है?	जी हाँ। यदि ब्याज राशि 10,000 रुपए से अधिक है तो ब्याज पर स्रोत पर टी.डी.एस. काट लिया जाता है।
क्या इस योजना के तहत कोई अधिलाभ (बोनस) देय है?	8.12.07 को या उसके बाद और 30.11.2011 तक खोले गए एस.आई.एस. खातों के संबंध में मूल राशि पर 5 प्रतिशत का अधिलाभ स्वीकार्य है। 1.12.2011 को या उसके बाद जमा की गई राशियों पर कोई अधिलाभ देय नहीं है।

**01.04.16 से ब्याज दर में तिमाही-दर-तिमाही बदलाव होता रहा है*

किसी भी डाकघर में कितने भी खाते खोले जा सकते हैं, शर्त बस, इतनी है कि सभी खातों में शेष राशि जोड़कर अधिकतम निवेश सीमा के भीतर होनी चाहिए। अर्जित ब्याज को ऑटो क्रेडिट के माध्यम से उसी डाकघर में बचत खाते में पी.डी.सी. या फिर ई.सी.एस. के जरिए निकाला जा सकता है। सी.बी.एस. डाकघरों में खुले एम.आई.एस. खातों के मामले में मासिक ब्याज को किसी भी सी.बी.एस. डाकघर में खुले खाते में क्रेडिट किया जा सकता है।

लोक भविष्य निधि (पी.पी.एफ.)

पी.पी.एफ. यानी पब्लिक प्रोविडेंट फंड, इग्जेम्प्ट इग्जेम्प्ट इग्जेम्प्ट योजना (ई.ई.ई.) के तहत आनेवाली 15 वर्षीय एक निवेश योजना है, जिसमें कोई निवेशक न्यूनतम 500 रुपए और 100 रुपए के गुणकों में अधिकतम 1,50,000 रुपए प्रतिवर्ष (प्रतिवर्ष अधिकतम 12 किश्तों में) निवेश कर

सकता है और जमा, ब्याज के प्रोद्भवन या निकासी के समय आय कर छूट का लाभ प्राप्त कर सकता है।

15 वर्ष पूरे होने पर निवेशक या तो 5 वर्ष के ब्लॉक में सदस्यता का विस्तार कर सकता है या फिर खाता बंद कर सकता है। पी.पी.एफ. खाते की शेष राशि संपत्ति कर से पूरी तरह से मुक्त होती है। इसके अलावा, यह अदालत के किसी भी आदेश या फरमान के तहत कुर्की के अधीन नहीं है।

पहले वर्ष अर्जित किया गया ब्याज दूसरे वर्ष मूल धन बन जाता है और यह चक्र इसी तरह चलता रहता है। निवेशक प्रत्येक वर्ष के प्रारंभ में 1,50,000 रुपए (1 लाख 50 हजार) जमा कर सकता है और 15 वर्ष के बाद वह 8.5 प्रतिशत सालाना की ब्याज दर पर 45,94,802 रुपए प्राप्त कर सकता है। इसका सीधा सा मतलब यह हुआ कि एक निवेशक ने 15 वर्ष की अवधि में कुल 22,50,000 रुपए जमा किए और 15 वर्ष बाद सरकार को बिना कोई कर चुकाए ब्याज के रूप में कुल 23,44,802 रुपए अर्जित किए। पी.पी.एफ. के लिए ब्याज की गणना का विवरण परिशिष्ट–बी में दिया गया है।

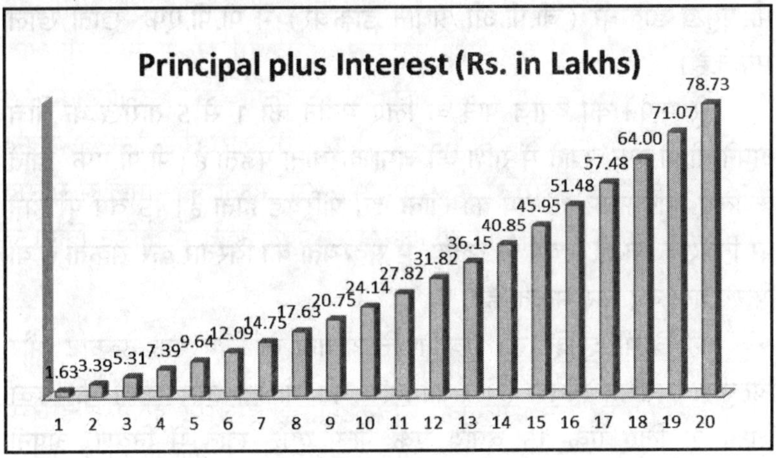

चित्र–13 : 20 वर्षों में पी.पी.एफ. रिटर्न्स का अनुमान

इससे स्पष्ट होता है कि अगर कोई निवेशक वित्तीय वर्ष के प्रारंभ में लोक भविष्य निधि (पी.पी.एफ.) में एस.आई.पी. के रूप में 1,50,000 रुपए का निवेश करता है तो उसे 15 वर्ष बाद 45,94,802 रुपए और 20 वर्ष बाद 78,73,358.90 रुपए कर राशि मिल सकती है। वास्तव में, प्रत्येक निवेशक को कंपाउंडिंग की जादुई शक्ति का लाभ उठाना चाहिए।

अगर कोई निवेशक प्रत्येक माह के प्रारंभ में एस.आई.पी. के साथ 12,500 रुपए का निवेश करता है तो उसे 15 वर्ष के बाद 8.75 प्रतिशत सालाना ब्याज दर के हिसाब से 45,23,241 रुपए की राशि मिल सकती है।

यह व्यवस्था 1,50,000 रुपए प्रतिवर्ष तक आय कर अधिनियम की धारा 80 सी के अंतर्गत कर योग्य है और फिलहाल यह इग्जेम्प्ट इग्जेम्प्ट इग्जेम्प्ट योजना (ई.ई.ई.) के तहत आती है—किसी के द्वारा निवेश किया गया धन प्रतिवर्ष ब्याज अर्जित करता है और अंतिम निकास राशि को कर से छूट प्राप्त है।

निवेशक भारतीय स्टेट बैंक (एस.बी.आई.) या उसकी किसी सहायक कंपनी, अधिकृत शाखाओं और अन्य सार्वजनिक क्षेत्र के बैंकों या किसी भी प्रमुख डाकघर (जी.पी.ओ./प्रधान डाकघर) में पी.पी.एफ. खाता खोल सकते हैं।

पूरे महीने का ब्याज पाने के लिए महीने की 1 से 5 तारीख के बीच अपने पी.पी.एफ. खाते में राशि को जमा करवाना पड़ता है। पी.पी.एफ. खाते के लिए अधिकतम 15 वर्ष का लॉक-इन पीरियड होता है। 15 वर्ष पूरे होने पर निवेशक या तो 5 वर्ष के ब्लॉक में सदस्यता का विस्तार कर सकता है या फिर खाता बंद कर सकता है।

यह किसी व्यक्ति की सेवानिवृत्ति योजना के लिए एक उत्कृष्ट और बिल्कुल सुरक्षित निवेश है। सेवानिवृत्ति की योजना और बच्चों की उच्च शिक्षा के लिए एक 15 वर्षीय एक पी.पी.एफ. खाते में निवेश, अपनी वर्तमान जीवन-शैली के आधार पर भविष्य के खर्च की योजना बनाकर और मुद्रास्फीति के कारक को ध्यान में रखते हुए, करना चाहिए।

उदाहरण के लिए, यदि आप अपने 40वें जन्मदिन पर प्रतिमाह 12,500 रुपए का निवेश करते हैं तो 20 वर्षों में आपका कुल निवेश 30 लाख रुपए होगा। यदि यह निवेश सालाना औसत 8 प्रतिशत की दर से बढ़ता है तो आपके 60 वर्ष के होने पर यह धनराशि 74.12 लाख रुपए हो जाएगी।

हालाँकि, अगर आपने यही निवेश 10 वर्ष पहले करना शुरू किया होता तो आपका 12,500 रुपए प्रतिमाह 30 वर्षों में 45 लाख रुपए तक बढ़ जाता। सालाना 8 प्रतिशत की ही औसत वृद्धि को आधार मानते हुए आपके 60वें जन्मदिन पर आपके पास 1.87 करोड़ रुपए होते। 10 वर्षों के दौरान मूलधन में 50 प्रतिशत की वृद्धि हुई, जबकि प्रतिफल रहा 97.48 प्रतिशत, जो आपके 60वें जन्मदिन पर प्राप्त होनेवाली राशि से दोगुना है।

ब्याज दर जोखिम

आर.बी.आई. द्वारा की गई ब्याज दर में कटौती के चलते जी-सेक आय भी इस ब्याज दर कटौती के समान बड़ी तेजी से नीचे आ गई। पी.पी.एफ. में भी ब्याज दर में बदलाव हुआ। हर वर्ष घोषित होनेवाली यह नई दर, नए और वर्ष 2016 से पहले पी.पी.एफ. में किए गए मौजूदा निवेशों पर लागू होती है।

तालिका-15

वर्ष	पी.पी.एफ. पर ब्याज दर
01.04.86 से 14.01.2000 तक	12 प्रतिशत
15.01.2000 से 28.02.2001 तक	11 प्रतिशत
01.03.2001 से 28.02.2002 तक	9.5 प्रतिशत
01.03.2002 से 28.02.2003 तक	9.00 प्रतिशत
01.03.2003 से 30.11.2011 तक	8.00 प्रतिशत
01.12.2011 से 31.03.2012 तक	8.60 प्रतिशत
01.04.2012 से 31.03.2013 तक	8.80 प्रतिशत

01.04.2013 से आज तक (31.03.2016 तक घोषित)	8.70 प्रतिशत
01.04.17 से 30.06.17 (वित्त वर्ष 2017–18 की पहली तिमाही)	7.90 प्रतिशत

वर्ष 2016–17 के बाद से पी.पी.एफ. के लिए ब्याज दर की गणना अन्य छोटे बचत खातों की तरह की जाती है और औसत दर का मूल्यांकन करने के बाद वार्षिक रूप से निवेशक के खाते में जमा की जाती है। पी.पी.एफ. ब्याज दर में पिछले कुछ वर्षों में लगातार गिरावट आई है और आनेवाले वर्षों में ब्याज दर में कमी के चलते इसमें और गिरावट की उम्मीद की जा रही है।

बॉण्ड्स और बॉण्ड फंड*

बॉण्ड्स वित्तीय संस्थानों, कॉरपोरेट्स, बैंकों, सार्वजनिक क्षेत्र के उपक्रमों और स्थानीय निकायों द्वारा जारी की जानेवाली आय प्रतिभूतियाँ हैं। निश्चित आय प्रतिभूतियों, जिन्हें आमतौर पर ऋण प्रतिभूतियों के रूप में जाना जाता है, निश्चित दरों और पूर्व निर्धारित तारीखों पर नकदी प्रवाह उत्पन्न करते हैं। बॉण्ड भी डिबेंचर की ही तरह एक डेब्ट सिक्योरिटी है। बॉण्ड दीर्घकालिक निश्चित आय प्रतिभूतियाँ हैं। वे आमतौर पर दो प्रकार के होते हैं, जैसे—सरकारी बॉण्ड और निजी बॉण्ड (कॉरपोरेट बॉण्ड)। जब सरकार जनता से पैसे उधार लेना चाहती है, तब वह बॉण्ड जारी करती है। दूसरी ओर, निजी कंपनियाँ व्यापार का विस्तार करने और अपनी कार्यशील पूँजी को पूरा करने के लिए कॉरपोरेट बॉण्ड और डिबेंचर जारी करके जनता से पैसे उधार लेती हैं। कॉरपोरेट बॉण्ड का समर्थन जारीकर्ता कंपनियों के क्रेडिट द्वारा किया जाता है। कॉरपोरेट बॉण्ड में दिवालिया होने का जोखिम होता है, जबकि सरकारी बॉण्ड दिवालिएपन के डर से मुक्त होते हैं।

बॉण्ड्स कितने प्रकार के होते हैं?

बॉण्ड्स को जारीकर्ता, परिपक्वता अवधि, कूपन दर और मोचन अवधि के आधार पर वर्गीकृत किया जा सकता है। बॉण्ड्स को परिपक्वता के आधार पर अल्पकालिक, दीर्घकालिक, मध्यम अवधि और अनंत के रूप में वर्गीकृत किया जाता है। वे निश्चित दर, फ्लोटिंग दर और कूपन दर के आधार पर शून्य कूपन बॉण्ड्स हो सकते हैं।

कूपन दर और बॉण्ड आय

प्रत्येक बॉण्ड को प्रतिवर्ष के लिए एक निश्चित ब्याज दर के साथ जारी किया जाता है। आमतौर पर, यह बॉण्ड की कूपन दर होती है, जो कि ब्याज की नाममात्र दर के अलावा कुछ नहीं है, जो उधारकर्ता होल्डिंग अवधि के दौरान बॉण्डधारक को भुगतान करने के लिए बाध्य है। उदाहरण के लिए, यदि नगर निगम 1,000 रुपए के अंकित मूल्य पर 10 प्रतिशत की कूपन दर के साथ एक बॉण्ड जारी करता है तो बॉण्ड की परिपक्वता तक नगरपालिका द्वारा सालाना 100 रुपए की रकम बॉण्डधारक को देय होगी।

एक निवेशक बाजार मूल्य पर सेकंडरी मार्केट से भी बॉण्ड खरीद सकता है। यदि बॉण्ड का बाजार मूल्य 900 रुपए है तो 100 रुपए डिस्काउंट वैल्यू है। यदि उपर्युक्त बॉण्ड बाजार से 1,100 रुपए में खरीदा जाता है तो उसमें 100 रुपए प्रीमियम मूल्य होता है, इसलिए बाजार में बॉण्ड छूट पर या प्रीमियम पर बिक सकता है। बॉण्ड निवेश से होनेवाला प्रतिफल उसके बाजार मूल्य से भिन्न होता है। बॉण्ड की कीमत बढ़ने की स्थिति में उसका प्रतिफल घट जाता है और इसके उलट होता है। बॉण्ड प्रतिफल की गणना इस प्रकार से की जाती है—

मान लेते हैं कि बॉण्ड 100 रुपए के प्रीमियम पर बिक रहा है

ऐसे में

अंकित मूल्य 1,000 रुपए

बाजार मूल्य 1,100 रुपए

ब्याज दर 10 प्रतिशत है, यानी 100 रुपए (1,000 रुपए का 10 प्रतिशत)

वर्तमान प्रतिफल = ब्याज/बाजार मूल्य 100*

*= 100/1,100*100*

= 9.09%

*इसके विपरीत, यदि बॉण्ड 10 रुपए की छूट के साथ बिक रहा है तो प्रतिफल होगा 11.11 प्रतिशत (100/900*100)।*

इससे स्पष्ट है कि जब बॉण्ड छूट पर बिकता है तो आय उसके प्रतिफल के कूपन मूल्य से अधिक होगी, जबकि बॉण्ड के प्रीमियम में बिकने पर प्रतिफल कूपन दर से अधिक होगा।

परिपक्वता प्रतिफल (यील्ड टू मैच्योरिटी) क्या है?

परिपक्वता प्रतिफल (वाई.टी.एम.) को रिटर्न की मिश्रित दर के रूप में परिभाषित किया जा सकता है, जिसे निवेशक मौजूदा बाजार दर पर खरीदकर परिपक्वता तक रखे जाने के बाद पाने की उम्मीद करता है। यह परिपक्वता तक बॉण्ड रखने पर अर्जित होनेवाली रिटर्न की आंतरिक दर है। (संदर्भ-रुपए*#*)

एस. केविन के अनुसार, वाई.टी.एम. का निर्धारण करने में काम आनेवाली कठिन गणनाओं से बचने के लिए निम्नलिखित सूत्र का उपयोग करके वाई.टी.एम. का अनुमानित आकलन किया जा सकता है।

वाई.टी.एम.=(आई.+{एम.वी.-सी.}/एन./({एम.वी.+सी.})-(संदर्भ-#*)*

जहाँ

आई = वार्षिक ब्याज की राशि
एम.वी. = होल्डिंग अवधि के अंत में परिपक्वता मूल्य
सी. = बॉण्ड की लागत या वर्तमान बाजार मूल्य
एन. = परिपक्वता तक होल्डिंग अवधि।

आइए, हम मान लेते हैं कि बॉण्ड का अंकित मूल्य 1,000 रुपए और कूपन दर 8 प्रतिशत है। बॉण्ड का वर्तमान बाजार मूल्य 1,050 रुपए है। इसे 8 वर्ष बाद सममूल्य पर वापस चुकाया जाएगा। ऐसे में, बॉण्ड के वाई. टी.एम. की गणना निम्नानुसार की जा सकती है—

वाई.टी.एम. = {80 रुपए+(1,000 रुपए– 1,050 रुपए)/8}/{(1,000 रुपए+ 1,050 रुपए)/2}
= {(80 रुपए-(50/8)} / (2050/2)
= 73.75/1025, = 7.19 प्रतिशत

सामान्य तौर पर फिक्स्ड इन्कम सिक्योरिटीज के साथ भी जारीकर्ता एवं प्रतिपक्षों—दोनों के लिए मुद्रास्फीति जोखिम, ऋण जोखिम और दिवालिया जोखिम रहता है। बॉण्ड बाजार अस्थिर होता है और निश्चित आय प्रतिभूतियाँ ब्याज दर जोखिम के अधीन होती हैं। बॉण्ड और डिबेंचर ब्याज दरों में बदलाव से सीधे प्रभावित होते हैं। गिरती ब्याज दर के दौरान बॉण्डधारक पूँजी में मूल्य-वृद्धि का लाभ उठाता है।

कॉरपोरेट बॉण्ड्स ऐसी नियमित आय प्रतिभूतियाँ होती हैं, जिन्हें सार्वजनिक क्षेत्र की इकाइयाँ (पी.एस.यू.), वित्तीय संस्थाएँ, स्थानीय निकाय, बैंक, कॉरपोरेट्स इत्यादि जारी करते हैं। कोई भी निवेशक अधिक रिटर्न, कम जोखिम, निश्चित एवं नियमित आय और पूँजी में मूल्य-वृद्धि के चलते कॉरपोरेट बॉण्ड में निवेश कर सकते हैं। ये अल्पावधि, मध्यम अवधि और दीर्घकालिक अवधि के लिए शून्य कूपन, निश्चित कूपन एवं फ्लोटिंग कूपन

के साथ जारी किए जाते हैं। ये पारदर्शी होने के साथ बाजार में व्यापार योग्य भी हैं। कॉरपोरेट बॉण्ड में निवेश/व्यापार करते समय एक निवेशक को ब्याज भुगतान की अभिलिखित तारीख और पूर्व की तारीख, उपार्जित ब्याज, डर्टी प्राइस, क्लीन प्राइस, परिपक्वता की आय, वास्तविक आय, सांकेतिक आय और मौजूदा आय का ट्रैक रखना चाहिए।

बॉण्ड्स बनाम बॉण्ड फंड्स*1

एक निवेशक के पास बॉण्ड में सीधे निवेश करने या फिर म्यूचुअल फंड के जरिए करने के महत्त्वपूर्ण विकल्प मौजूद होते हैं। यदि आप एक निश्चित समय पर अपना मूल वापस चाहते हैं तो आप उसी निश्चित समय पर परिपक्व होनेवाले इंडिविजुअल बॉण्ड्स खरीद सकते हैं। आपको पता चल जाएगा कि आपको कितनी राशि वापस मिलेगी और कब। अगर आप अलग-अलग बॉण्ड्स के मालिक हैं तो आपको उन्हें प्रबंधित करने के लिए किसी को कोई शुल्क देने की आवश्यकता नहीं है।

हालाँकि, बॉण्ड फंड्स के कई फायदे होते हैं और वे अपनी परिचालन लागत के बावजूद अधिकांश निवेशकों के सामने मौजूद सबसे अच्छा विकल्प हैं। अधिकांश निवेशकों के लिए सबसे बड़ा फायदा विविधीकरण है। बॉण्ड फंड्स आमतौर पर सरकारी बॉण्ड्स या कॉरपोरेट बॉण्ड्स, लॉन्ग-टर्म बॉण्ड्स, मीडियम-टर्म बॉण्ड्स या शॉर्ट-टर्म बॉण्ड्स, अपेक्षाकृत सुरक्षित कंजर्वेटिव बॉण्ड्स या अधिक यील्डिंग (और उच्च जोखिम) बॉण्ड्स में विशेषज्ञता प्राप्त होते हैं।

एक बॉण्ड फंड दर्जनों या यहाँ तक कि सैकड़ों कॉरपोरेट एवं सरकारी उधारकर्ताओं द्वारा जारी की गई प्रतिभूतियों का स्वामित्व कर सकता है, जो अधिकतर व्यक्ति कभी भी अपने दम पर नहीं करके दिखा सकते। म्यूचुअल फंड्स व्यक्तिगत निवेशकों के मुकाबले कहीं अधिक कुशलता से बॉण्ड्स खरीद व बेच सकते हैं। ब्याज भुगतानों को स्वचालित रूप से पुनर्निवेशित या समुच्चयित करने के अलावा भुगतान मासिक रूप से किया जा सकता है।

एक बॉण्ड फंड को परिपक्व होने पर नए बॉण्ड के साथ स्वतः प्रतिस्थापित कर दिया जाता है, जो मौजूदा ब्याज दरों को भी दरशाता है। फंड मैनेजर बॉण्ड फंड्स के प्रबंधन के लिए कम परिचालन खर्च लेते हैं। एकल बॉण्ड्स की तुलना में पेशेवर रूप से प्रबंधित फंड उच्च रिटर्न उत्पन्न करते हैं।

गैर-परिवर्तनीय डिबेंचर (एन.सी.डी.)

निवेशक को उच्च रिटर्न की पेशकश करनेवाले उच्च रेटेड निवेश उत्पाद की माँग हमेशा अधिक रहती है। एन.सी.डी. को एक अच्छे निवेश उत्पाद का दर्जा प्राप्त है और यह चल निधि के लाभ के साथ निश्चित अवधि के लिए आकर्षक रिटर्न प्रदान करता है। इसका कारोबार स्टॉक एक्सचेंज में भी किया जाता है और यह पूँजीगत लाभ उत्पन्न करता है। एन.सी.डी. ज्यादातर जारी करनेवाली कंपनी की संपत्ति के विरुद्ध सुरक्षित होते हैं और इनके दिवालिया होने का जोखिम कम होता है।

आमतौर पर डेब्ट फंड का मुख्य निवेश उद्देश्य पूँजी और आय सृजन का संरक्षण होता है। डेब्ट फंड में निवेश करने पर बेंचमार्क के खिलाफ प्रदर्शन को पूर्ण रिटर्न के लिए एक द्वितीयक विचार माना जाता है।

कंपनी फिक्स्ड डिपॉजिट (एफ.डी.)*[1]

कंपनियों, बड़ी व छोटी, जनता से माँगी हुई सावधि जमा, बैंकों की तुलना में अधिक ब्याज की पेशकश के साथ-साथ समय से पहले वापसी या मुफ्त व्यक्तिगत आकस्मिक बीमा पॉलिसी जैसी सुविधा के लिए प्रोत्साहन। निर्माण कंपनियों द्वारा जुटाई गई सावधि जमा, कंपनी लॉ बोर्ड (सी.एल.बी.) द्वारा विनियमित होती है। वहीं दूसरी ओर, वित्त कंपनियों द्वारा जुटाए गए सावधि जमा को भारतीय रिजर्व बैंक (आर.बी.आई.) द्वारा नियंत्रित किया जाता है। बैंक जमा की ही तरह आपको अपनी कंपनी की सावधि जमा पर मिलनेवाले ब्याज के आधार पर प्रतिवर्ष आय कर देना होता है।

"कॉरपोरेट सावधि जमा (एफ.डी.) ने इन उत्पादों पर पेश की जानेवाली उच्च निश्चित रिटर्न के चलते निवेशकों के बीच अलग स्थान

बनाया है। आमतौर पर, कॉरपोरेट सावधि जमा बैंक एफ.डी. की तुलना में कहीं अधिक रिटर्न प्रदान करता है; हालाँकि यह जोखिम के एक उच्च टैग के साथ आता है। ऐसा इसलिए है, क्योंकि कॉरपोरेट जमा प्रकृति के हिसाब से जोखिम भरे होते हैं और बैंक सावधि जमा के विपरीत डिपॉजिट इंश्योरेंस एंड क्रेडिट गारंटी कॉरपोरेशन ऑफ इंडिया की गारंटी के तहत नहीं आते, जो बैंक चूक के मामले में 1 लाख रुपए के पुनर्भुगतान का आश्वासन देता है।"**[1]

क्रेडिट रेटिंग, कंपनी की वित्तीय ताकत, चल निधि और ब्याज भुगतान प्रणाली जैसे विभिन्न कारक हैं और किसी निवेशक द्वारा कंपनी सावधि जमा योजना में निवेश करने से पहले इन पर विचार करने की आवश्यकता है।

कंपनी सावधि जमा का चयन करते समय क्रेडिट रेटिंग एक प्रमुख पैमाना है। एफ.डी. की एक मजबूत रेटिंग (ए.ए.ए.) का मतलब दिवालिएपन का जोखिम सबसे कम होने के साथ कम ब्याज दर है; जबकि लो रेटेड एफ.डी. जोखिम भरी होगी और कंपनी निवेशकों को अधिक प्रतिफल की पेशकश कर जोखिम को दूर करती है।

इस रेटिंगवाले सी.ए.आर.ई., ए.ए.ए. इंस्ट्रूमेंट्स को सर्वश्रेष्ठ क्रेडिट गुणवत्ता माना जाता है, जो ऋण दायित्वों की समय पर सेवा के लिए उच्चतम सुरक्षा प्रदान करता है। ऐसे उपकरणों में ऋण जोखिम न्यूनतम होता है। बाजार में असामान्य रूप से उच्च ब्याज दरों की पेशकश करनेवाली किसी भी कंपनी से बचें। चूँकि कंपनियाँ आमतौर पर उच्च जोखिम की भरपाई के लिए ऊँची ब्याज दरों की पेशकश करती हैं, इसलिए दिवालिया होने का जोखिम अधिक होता है।

टैक्स लाभ

निवेशक को ऋण उत्पाद चुनते समय कर कारक को भी ध्यान में रखना चाहिए। एन.सी.डी. की परिपक्वता के बाद अर्जित ब्याज किसी भी निवेशक की नियमित आय के रूप में कर योग्य है। एक वर्ष के भीतर बेचने से प्राप्त होनेवाले लाभ अल्पकालिक पूँजीगत लाभ के रूप में कर योग्य होते हैं। एक

वर्ष के बाद, लेकिन परिपक्वता से पहले, एन.सी.डी. पर उत्पन्न होनेवाले लाभ दीर्घकालिक पूँजीगत लाभ के प्रावधान को आकर्षित करते हैं। इस पर दीर्घकालिक पूँजीगत लाभ के रूप में अनुक्रमण के बिना 10 प्रतिशत (या अनुक्रमण के बाद 20 प्रतिशत) कर लगाया जाएगा।

संदर्भ–

1. *आर.के. मोहापात्रा, 'रिटायरमेंट प्लानिंग : ए सिंपल गाइड फॉर इंडिविजुअल्स' प्रथम संस्करण
2. *#* –एस केविन, पोर्टफोलियो मैनेजमेंट, द्वितीय संस्करण, पृ. 83–84, पी.एच.आई. लर्निंग प्रा. लिमिटेड, दिल्ली–92
3. **1 : http://www.moneycontrol.com/news/fixed-income-company-deposits/key-parameters-to-reviewcorporate-fixed-deposit_656732.html?utm_source=ref_article

□

"प्रत्येक किसी के पास कम-से-कम एक घर होता है,
जहाँ वह चैन की नींद ले सकता है।"

4

रियल एस्टेट

जमीन और इमारतों में निवेश

रियल एस्टेट वह संपत्ति होती है, जिसमें जमीन और इमारतें तथा साथ ही उनके प्राकृतिक संसाधन भी शामिल होते हैं। आमतौर पर हम रियल एस्टेट के रूप में सिर्फ भूमि, भवन या आवास आदि का ही उल्लेख करते हैं। रियल एस्टेट के व्यवसाय में मुख्यतः जमीन, इमारत या आवास की खरीद-बिक्री या फिर किराए पर देना शामिल है।

रियल एस्टेट में निवेश करने में संपत्ति को खरीदना और बेचना शामिल है, जिसके बदले में लाभ की प्राप्ति होती है। रियल एस्टेट निवेश के अन्य साधनों के मुकाबले सीमित चल निधि वाली एक परिसंपत्ति है। इसमें किसी के द्वारा अधिग्रहण कर लेने पर स्वामित्व में परिवर्तन भी शामिल है। यह बहुत अधिक पूँजी-प्रधान है और नकदी के प्रवाह पर अत्यधिक निर्भर रहता है। भारत में आवास की कीमतों में वृद्धि दर स्थान-दर-स्थान भिन्न होती है। यह आमतौर पर 8 से 10 प्रतिशत की वार्षिक रिटर्न उत्पन्न करती है। आज की तारीख में निवेश के अन्य साधनों की तुलना में इसे सोने और चाँदी के समकक्ष रखा जा सकता है। माँग और आपूर्ति में भारी अंतर के चलते आवासीय रियल एस्टेट के दाम बढ़ते जा रहे हैं। आवासीय रियल एस्टेट अच्छा रिटर्न तो देती ही है, साथ ही इसमें शेयर और कमोडिटी की तरह उतार-चढ़ाव का दौर नहीं आता; हालाँकि वर्ष 2010 से 2013 के मध्य हैदराबाद सिटी और बैंगलोर की रिटर्न नकारात्मक में रही। वहीं दूसरी ओर, इस समयावधि के दौरान अधिकांश स्थानों पर आवासीय रियल एस्टेट के दामों में लगातार बढ़ोतरी ही देखने को मिली।

आज की तारीख में कम लागत/वहन करने योग्य (अफोर्डेबल) घरों की माँग और आपूर्ति के बीच एक भारी अंतर है। कोई भी भारत की विकास दर के साथ-साथ जनसंख्या-वृद्धि को ध्यान में रखते हुए ऐसे घरों में निवेश करते हुए आगामी तीन से पाँच वर्षों में अच्छी रिटर्न प्राप्त कर सकता है। निवेशकों को रियल एस्टेट में निवेश करने से पहले डेवलपर की साख को अच्छे से जाँच लेना चाहिए। परियोजना में देरी होने के चलते ब्याज का बोझ पड़ता है, जिसके फलस्वरूप रिटर्न नकारात्मक भी हो सकती है। इसके अलावा, रियल एस्टेट में लॉञ्च से पूर्व निवेश करना भी अत्यधिक जोखिम भरा कदम है। रियल एस्टेट में निवेश की विफलता का सबसे पहला कारण यह होता है कि निवेशक कुछ समय के लिए नकारात्मक नकदी प्रवाह की स्थिति में चला जाता है, जो वहनीय नहीं होता और इसके नतीजतन, उन्हें उस संपत्ति को या तो नुकसान में बेचना पड़ता है या वे दिवालिया होने के लिए मजबूर होते हैं। वर्ष 2008-09 की अवधि के दौरान वैश्विक उथल-पुथल ने भारत के प्रमुख शहरों की रियल एस्टेट परियोजनाओं पर एक प्रतिकूल असर डाला है। यूनिटेक, डी.एल.एफ. और जे.पी. समूह जैसी डेवलपर परियोजनाओं के पूरा होने में देरी के चलते मुंबई, दिल्ली और दिल्ली-एन. सी.आर. में रिहायशी मकानों को सुपुर्द करने में नाकामयाब रहे।

रियल एस्टेट में निवेश के लिए बहुत बड़ी पूँजी चाहिए होती है और साथ ही घर खरीदने के निर्णय से पहले उचित योजना बनाना भी उतना ही अधिक महत्त्वपूर्ण है। घर खरीदना कोई बच्चों का खेल नहीं है। इस प्रक्रिया के लिए एक निश्चित समयावधि के भीतर धन की योजना और संचयन की जरूरत होती है। एक घर को खरीदने का निर्णय लेने से पहले किन बातों को ध्यान में रखना आवश्यक है? आमतौर पर निम्नलिखित बातों को ध्यान में रखना चाहिए—

अवस्थिति (लोकेशन)

निवेश करनेवाले स्थान का चयन और उसकी अवस्थिति निवेश में बेहद महत्त्वपूर्ण भूमिका निभाते हैं। अवस्थिति में मैदानी या पहाड़ी इलाका, संपर्क

और परिवहन जैसे मुद्दे, स्कूल, अस्पताल, पार्क, शॉपिंग सेंटर इत्यादि जैसी सुविधाओं और सामाजिक बुनियादी ढाँचे तक पहुँच शामिल होते हैं और ये तमाम कारक उस जमीन/संपत्ति की कीमतों के निर्धारण में शामिल होते हैं।

घर खरीदने में आनेवाली लागत

लागत में जमीन की कीमत, गिरवी लागत, कानूनी शुल्क, अगर कोई घर खरीदने का इच्छुक है तो बैनामे के पंजीकरण एवं स्टांप शुल्क और घर का निर्माण शामिल है।

इसके बाद अगला कदम होता है स्थानीय प्राधिकरण से घर के निर्माण के लिए अनुमति प्राप्त करना।

संपत्ति को खरीदने की प्रक्रिया

कोई भी एक निजी संधि बिक्री के जरिए या फिर सरकारी प्राधिकरण द्वारा की जानेवाली सार्वजनिक नीलामी के माध्यम से संपत्ति खरीद सकता है। ये दो संपत्ति की बिक्री के सबसे अधिक प्रचलित और लोकप्रिय तरीके हैं।

विक्रय अनुबंध पर हस्ताक्षर

विक्रय अनुबंध सभी पक्षों को सहमत हुई अवधि के दौरान बिक्री की प्रक्रिया को पूरा करने के लिए बाध्य करता है। यदि कोई भी पक्ष इस अनुबंध पर हस्ताक्षर करने के बाद बिक्री की प्रक्रिया से पीछे हटता है तो वह जमा की गई अपनी प्रतीक मुद्रा से हाथ धो सकता है। नीलामी में संपत्ति खरीदते समय विक्रय अनुबंध पर जरूर बिना समय गँवाए हस्ताक्षर कर लेने चाहिए। यदि कोई निजी संधि के जरिए संपत्ति खरीद रहा है तो उसे एक वकील/प्रतिवक्ता को रखने की सलाह दी जाती है, ताकि यह सुनिश्चित किया जा सके कि विक्रय अनुबंध बिल्कुल ठीक बना है।

प्राप्त किए जानेवाले दस्तावेज

भारत में किसी भी संपत्ति का स्वत्व विलेख (टाइटल डीड) प्राप्त करने

के लिए आवश्यक दस्तावेजों की सूची में साइट आवंटन सूचना, कब्जा प्रमाण-पत्र, विक्रय विलेख, एन्क्रम्बेन्स प्रमाण-पत्र, स्थानांतरण प्रमाण-पत्र, कर भुगतान की प्रतियाँ, मध्यकर्ती बिक्री विलेख और पंजीकरण प्रमाण-पत्र शामिल हैं। किसी संपत्ति का स्वत्व विलेख पाने के लिए एक वकील की सेवाएँ ली जा सकती हैं। आमतौर पर, किसी संपत्ति का स्वत्व विलेख प्राप्त करने के लिए निम्नलिखित प्रक्रिया की आवश्यकता होती है—

- प्रासंगिक शहरी विकास प्राधिकरण से स्वत्व विलेख के लिए जमा किया जानेवाला प्रार्थना-पत्र पूर्ण करना।
- एन्क्रम्बेन्स प्रमाण-पत्र (ई.सी.) प्राप्त करना होगा। निवेशक को प्लॉट या घर या फ्लैट खरीदते समय पूरी सावधानी बरतनी चाहिए। सबसे महत्त्वपूर्ण होता है खरीदी जानेवाली संपत्ति के स्वत्व विलेख को ध्यान से देखना। एक निवेशक को यह जाँच लेना चाहिए कि उस जमीन या फ्लैट या मकान को बेचने का पूरा अधिकार विक्रेता के नाम पर है भी या नहीं। किसी भी समझौते पर हस्ताक्षर करने से पहले स्थानीय तहसील या उप-रजिस्ट्रार कार्यालय द्वारा जारी किए गए एन्क्रम्बेन्स प्रमाण-पत्र (ई.सी.) की जाँच कर लेनी चाहिए।
- ई.सी. प्राप्त करने के बाद शहरी विकास प्राधिकरण द्वारा मूल आवंटी को आवंटित पट्टा और बिक्री विलेख दस्तावेज की एक प्रति भी प्राप्त कर लेनी चाहिए।
- स्थानांतरण प्रमाण-पत्र हासिल कर लेने के बाद मौके पर निरीक्षण के लिए जाना चाहिए।
- मौके पर जाना खरीदार के पास पूर्ण कब्जा सुनिश्चित करने के अलावा यह भी सुनिश्चित करता है कि माप बिक्री विलेख के अनुसार है।

संपत्ति का पंजीकरण

एक बार बिक्री पूरी होने के बाद नए स्वामित्व के विवरण को प्रदर्शित

करनेवाले आपके विलेख सब-रजिस्ट्रार कार्यालय के साथ पंजीकृत हो जाने चाहिए। आप जिस संपत्ति को खरीदना चाहते हैं, उसके पंजीकरण विलेख पूर्ण होने के बाद आप एक वकील या प्रतिवक्ता की सेवाएँ भी ले सकते हैं। आजकल कुछ भारतीय राज्यों में पंजीकरण की प्रक्रिया ऑनलाइन भी हो गई है। कोई उस राज्य की वेबसाइट पर जाकर इन सुविधाओं का उपयोग कर सकता है, जिसमें रजिस्ट्रार के कार्यालय के बारे में जानकारी भी शामिल होती है, जहाँ दस्तावेज उपलब्ध होंगे।

निवेशक को किसी भी प्रकार की जल्दबाजी दिखाए बिना संपूर्ण प्रक्रिया के सभी चरणों को ध्यान में रखना चाहिए। किसी विशेष संपत्ति के मामले में अभिग्रहण के लिए दस्तावेज उसके लेन-देन की प्रकृति के आधार पर भिन्न हो सकते हैं।

एक निवेशक घरेलू संपत्ति खरीदकर दो तरीकों से पैसा कमा सकता है—

एक निश्चित समय के लिए घरेलू संपत्ति और पूँजी में मूल्य-वृद्धि करते हुए मासिक आधार पर होनेवाली लीज किराए से आमदनी। कर केवल तभी लागू होते हैं, जब संपत्ति किराए पर या बेचने के दौरान पूँजीगत लाभ के जरिए आय उत्पन्न करती है।

आवासीय घरेलू संपत्ति से अर्जित लीज किराया भी 'घरेलू संपत्ति' के तहत कर के दायरे में आता है; जबकि जमीन के खाली टुकड़े को किराए पर देने से मिलने वाला किराया 'अन्य स्रोत से आय' के तहत कर योग्य है।

किसी के भी द्वारा खरीदी गई पहली संपत्ति आय कर से मुक्त होती है; लेकिन सिर्फ उसी स्थिति में, जब उसे किराए पर न दिया जाए। दूसरी ओर, उससे अधिक संपत्तियों पर बाजार किराए के मूल्य को आधार मानकर अनुमानित किराए के मूल्य से कर योग्य आय के रूप में अपनाया जाएगा, चाहे उसे ताला लगाकर बंद ही क्यों न रखा गया हो।

वित्तीय वर्ष 2016-17 के लिए आमतौर पर कुछ शर्तों के आधार पर किराए की आय पर गणना निम्नानुसार की जाती है—

तालिका-16

	आवासीय संपत्ति-1	आवासीय संपत्ति-2
किराए की वार्षिक आय	स्वयं के कब्जेवाली संपत्ति (एस.ओ.पी.) के मामले में शून्य	वास्तविक किराया या अनुमानित किराया, जो भी अधिक हो
घटा : नगरपालिका को दिए जानेवाले कर	शून्य	चुकाया गया वास्तविक कर
घटा : कुल किराए की आय की 20 प्रतिशत मानक कटौती	शून्य	30 प्रतिशत (रेंट-टैक्स का भुगतान)
घटा : आवास ऋण पर ब्याज का भुगतान (यदि लागू हो)	संपत्ति के रूप में अधिकतम 2,00,000 रुपए कर-मुक्त हैं	बिना किसी सीमा के वास्तविक ब्याज राशि।#

 # वित्तीय वर्ष 2017-18 से कोई व्यक्ति केवल स्व-अधिकृत संपत्ति सहित उसके स्वामित्व वाली सभी संपत्तियों पर होम लोन पर चुकाए गए ब्याज पर अधिकतम 2 लाख रुपए की कटौती का दावा कर सकेगा।

आइए, इसे एक उदाहरण के जरिए समझने का प्रयास करते हैं—

अंकिता ने भुवनेश्वर में स्थित एक घर को खरीदने के लिए 1 अप्रैल, 2015 को बिल्डर से 29,80,000 रुपए में अनुबंध किया। उन्होंने 1 जुलाई, 2016 को घर का कब्जा प्राप्त किया और 30 नवंबर, 2016 को घर की मरम्मत पर 2,50,000 रुपए खर्च कर दिए। इस घर को खरीदने के लिए उन्होंने 1 अप्रैल, 2015 को एच.डी.एफ.सी. बैंक से 10.5 प्रतिशत सालाना की ब्याज दर पर 10,00,000 रुपए का ऋण लिया। 14,350.88 रुपए की मासिक किश्त के जरिए ब्याज सहित ऋण चुकाने की अवधि 9 वर्ष की है। अंततः 1 अप्रैल, 2017 को घर का काम पूरा होता है।

मान लेते हैं कि अंकिता किसी दूसरे घर में रहती हैं और उन्होंने इस घर को 1 अप्रैल, 2018 से 8 वर्ष के लिए 1,65,000 रुपए प्रतिमाह के किराए

पर दे दिया है और उसके बाद घर खाली है। वर्ष 2025–26 और 2026–27 के लिए उक्त घर का नगरपालिका मूल्यांकन 1,50,000 रुपए सालाना होगा। वित्तीय वर्ष 2015–16 के बाद से प्रतिवर्ष किए गए व्यय का विवरण निम्नलिखित होगा—

तालिका-17

वित्त वर्ष	नगरपालिका कर (रु.)	ब्याज की अदायगी (रु.)	मूल ऋण राशि की अदायगी (रु.)
2015–16		1,01,670	70,540.56
2016–17		93,895	78,315.56
2017–18	13,500	85,264	86,946.56
2018–19	4,500	75,658	96,525.56
2019–20	5,000	65,046	1,07,164.56
2020–21	5,000	53,235	1,18,975.56
2021–22	5,500	40,124	1,32,086.56
2022–23	5,500	25,596	1,46,641.56
2023–24	6,000	9,406	1,62,803.52
2024–25	6,000	शून्य	शून्य
2025–26	6,000	शून्य	शून्य
2026–27	6,000	शून्य	शून्य
योग	**63,000**	**5,49,894**	**10,00,000**

13,500 रुपए के नगरपालिका करों में पिछले वर्षों 2015–16 और 2016–17 के 4,500 रुपए प्रतिवर्ष के कर शामिल हैं।

मान लेते हैं कि अंकिता 10 वर्ष बाद 30 सितंबर, 2026 को इस घर को

75,00,000 रुपए में बेच देंगी। इस जानकारी के आधार पर हम इस निवेश पर होनेवाले शुद्ध प्रतिफल की गणना कर सकते हैं। शुद्ध आय किराए की आय और पूँजीगत लाभ के माध्यम से उत्पन्न हुई है।

(क) आवासीय संपत्ति के जरिए उत्पन्न हुई आय

तालिका-18

वर्ष	किराए की सालाना आय (रु.)	नगरपालिका का कर (रु.)	शुद्ध किराया आय के 30 प्रतिशत की मानक कटौती (रु.)	आवास ऋण पर चुकाया गया ब्याज (रु.)	किराए की आय पर आय कर का भुगतान (30.90 प्रतिशत) (रु.)
1	2	3	4	5	6
2017–18	1,98,000	13,500	55,350	1,24,377	1,475
2018–19	1,98,000	4,500	58,050	1,14,771	6,390
2019–20	1,98,000	5,000	57,900	1,04,159	9,569
2020–21	1,98,000	5,000	57,900	92,348	13,211
2021–22	1,98,000	5,500	57,750	79,237	17,154
2022–23	1,98,000	5,500	57,750	25,596	33,728
2023–24	1,98,000	6,000	57,600	9,406	38,623
2024–25	1,98,000	6,000	57,600		41,529
2025–26	1,50,000	6,000	43,200		31,147
2026–27	75,000	6,000	20,700		14,925
योग		63,000	5,23,800	5,49,894	2,07,743

वर्ष 2017–18 से 2024–25 तक प्राप्त कुल आय 15,84,000 रुपए है। घर के किराए से 10 वर्षों के दौरान शुद्ध आय 2,39,563 रुपए (15,84,000 रुपए – 63,000 रुपए – 5,23,800 रुपए – 5,49,894 रुपए – 2,07,743 रुपए), जो ऋण की 10,00,000 रुपए की मूल राशि के पुनर्भुगतान के अलावा है।

नोट–

1. वर्ष 2017–18 के दौरान चुकाया गया 13,500 रुपए का नगरपालिका कर भुगतान के आधार पर कटौती के लिए स्वीकार्य है। इससे पूर्व के वर्षों के करों का कोई मूल्य नहीं है।
2. ऋण राशि पर वर्ष 2015–16 और 2016–17 के लिए ब्याज 2017–18 के बाद से लगातार पाँच वित्तीय वर्षों के लिए मान्य होगा, क्योंकि गृह संपत्ति 1 अप्रैल, 2017 को ही पूर्ण हुई है।
3. वर्ष 2025–26 और 2026–27 के लिए लिया गया वार्षिक किराया नगरपालिका मूल्यांकन है, क्योंकि घरेलू संपत्ति उस वर्ष के लिए खाली रहेगी, यानी 1,50,000 रुपए प्रतिवर्ष।
4. मान लेते हैं कि अंकिता ने इन 10 वर्षों के दौरान मकान की मरम्मत और रख–रखाव पर 5,23,800 रुपए खर्च किए।
5. मान लेते हैं कि वित्तीय वर्ष 2016–17 के कर की दरें आगामी 10 वर्षों (2026–27 तक) समान रूप से लागू रहती हैं और अंकिता 30 प्रतिशत की कर श्रेणी में आती हैं।

(बी) पूँजी लाभ की गणना

आवासीय घर एक दीर्घकालिक पूँजीगत संपत्ति बन जाता है, क्योंकि होल्डिंग की अवधि 36 महीने (2017–18 से 24 महीने) से अधिक होगी और इसके हस्तांतरण से दीर्घकालिक पूँजीगत लाभ उत्पन्न होगा।

वित्तीय वर्ष 2016–17 के लिए आय कर अधिनियम के प्रावधान के

अनुसार, अंकिता को कम दर से कर का भुगतान करना होगा, जो इस प्रकार है—

- इंडेक्सेशन के साथ 20 प्रतिशत + अधिभार + शिक्षा उपकर।

बिक्री मूल्य	= 75,00,000 रुपए
अधिग्रहण की लागत	= 29,80,000 रुपए
मरम्मत की लागत	= 2,50,000 रुपए

लॉन्ग टर्म कैपिटल गेन

इंडेक्सेशन के साथ = बिक्री मूल्य–अधिग्रहण की सूचकांक लागत–सुधार की सूचकांक लागत।

अधिग्रहण की सूचकांक लागत

= अधिग्रहण की लागत* बिक्री के वर्ष के लिए प्रस्तावित सी.आई.आई./ अधिग्रहण के वर्ष के लिए सी.आई.आई.।

सी.आई.आई. कॉस्ट इन्फ्लेशन इंडेक्स है

= 29,80,000 रुपए * 1902/1081

= 52,43,256 रुपए

खरीद के वर्ष (2015-16) में सी.आई.आई. 1081 था और हम मानकर चलते हैं कि बिक्री के वर्ष (2026-27) में सी.आई.आई. 1902 होगा।

सुधार की सूचकांक लागत

= अधिग्रहण की लागत बिक्री के वर्ष के लिए प्रस्तावित सी.आई.आई./ मरम्मत के वर्ष के लिए सी.आई.आई.।

= 2,50,000 रुपए* 1902/1125

= 4,22,667 रुपए

इंडेक्सेशन के साथ लॉन्ग-टर्म कैपिटल गेन

= 75,00,000 रुपए-52,43,256 रुपए-4,22,667 रुपए

= 18,34,077 रुपए

एल.टी.सी.जी. पर 20.6 प्रतिशत की दर से आय कर = 3,77,819 रुपए (अधिभार और शिक्षा उपकर सहित)

10 वर्षों के बाद शुद्ध रिटर्न = घर का बिक्री मूल्य - अधिग्रहण की वास्तविक कीमत - मरम्मत की लागत - इंडेक्सिंग के बाद कर राशि

= 75,00,000 रुपए - 29,80,000 रुपए - 2,50,000 रुपए - 3,77,819 रुपए

= 38,92,181 रुपए।

मान लेते हैं कि कर की मौजूदा दरें वर्ष 2026-27 (10 वर्ष बाद) तक समान रूप से लागू रहती हैं।

उपर्युक्त मामले में अंकिता ने 22,30,000 रुपए कर राशि का निवेश करने के साथ 10,00,000 रुपए का बैंक ऋण लिया। बैंक ऋण के मूलधन और ब्याज को 10 वर्षों के दौरान किराए की प्राप्ति के जरिए उत्पन्न हुई आय से चुकाया गया। उन्होंने इस अवधि के दौरान के नगरपालिका के कर और मरम्मत तथा रख-रखाव के खर्चे का भुगतान भी उसी किराए की आय से किया। घर के बिकने पर शुद्ध आय प्राप्त होगी और घरेलू संपत्ति की पूँजी में मूल्य-वृद्धि 41,31,744 रुपए होगी, जो शुद्ध आय के रूप में औसतन 18.52 प्रतिशत सालाना उत्पन्न करेगी। दूसरी तरफ, इसके जरिए बैंक सावधि जमा, जिसमें लोग आमतौर पर निवेश करते हैं, के मुकाबले अधिक आय उत्पन्न हुई।

कॉस्ट इन्फ्लेशन इंडेक्स, यानी लागत मुद्रास्फीति सूचकांक (सी. आई.आई.) का ग्राफिकल खाका नीचे प्रदर्शित है—

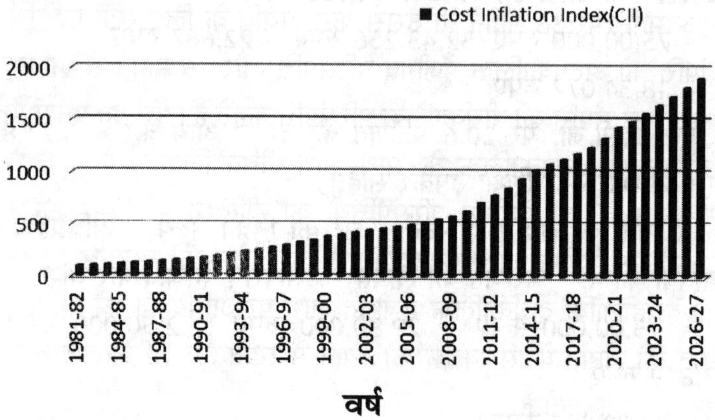

चित्र-14 : वर्ष 2026-27 तक वास्तविक सी.आई.आई. का ग्राफिकल खाका

कॉस्ट इन्फ्लेशन इंडेक्स (सी.आई.आई.) का वास्तविक डाटा वर्ष 2016-17 तक ही लिया गया और उसके बाद पिछले डाटा एवं मुद्रास्फीति की भविष्य की प्रवृत्ति के आधार पर पूर्वानुमान लगाया गया। 1 अप्रैल, 2017 के बाद से 2001 को आधार वर्ष माना जाएगा, जबकि इससे पहले 1981 को माना जाता था।

संक्षेप में कहें तो पिछले कुछ वर्षों में परिसंपत्ति के दूसरे वर्गों की तुलना में रियल एस्टेट ने एक स्थिर रिटर्न प्रदान की है। किसी को भी उस स्थान और उस स्थान की माँग व आपूर्ति को ध्यान में रखते हुए बेहद सावधानी से निवेश करना चाहिए। मुख्य शहर के साथ कनेक्टिविटी, सामाजिक आधारभूत संरचना, शहर/कस्बे की दूरी और साइट लोकेशन के दृश्य जैसी चीजों पर भी ध्यान देना चाहिए। पहाड़ियों/पर्वतों में स्थित अपार्टमेंट का मूल्य अन्य दूरस्थ स्थानों वाली साइटों के मुकाबले अधिक होगा।

"पंजीकृत लीज अनुबंध के बिना कभी अपनी संपत्ति को किराए पर न दें। लीज अनुबंध आपकी संपत्ति को भविष्य में होनेवाली मुकदमेबाजी से बचाता है।"

कर योजना और लाभ

आमतौर पर 36 महीने या उससे कम अवधि के लिए रखी गई पूंजीगत परिसंपत्ति को अल्पकालिक पूँजीगत परिसंपत्ति और 36 महीने से अधिक के लिए रखी गई संपत्ति को दीर्घकालिक परिसंपत्ति कहते हैं। पूँजीगत परिसंपत्तियों का हस्तांतरण अल्पकालिक के साथ-साथ दीर्घकालिक पूँजीगत लाभ भी प्रदान करता है, जो पूँजीगत परिसंपत्तियों की होल्डिंग पर निर्भर करता है। अल्पकालिक पूंजीगत लाभ पर व्यक्तिगत कर ब्रैकेट की सामान्य दर से कर लगता है, हालाँकि दीर्घकालिक पूँजीगत लाभ पर अधिग्रहण की लागत और मरम्मत की लागत के सूचकांक को ध्यान में रखते हुए 20 प्रतिशत की एक समान दर लागू होती है।

संपत्ति के पंजीकरण की तारीख या फिर कब्जे की तारीख से दीर्घकालिक पूँजीगत लाभ की गणना अभी तक एक चुनौती है। इस मामले में आय कर अधिनियम में अस्पष्ट होने के चलते कई एसेसीज (व्यक्ति) विभागों को अदालतों में कानूनी झगड़ों में फँसे हुए हैं। दीर्घकालिक पूँजीगत लाभ प्राप्त करने के लिए आपको संपत्ति को जल्द-से-जल्द पंजीकृत करना होगा, जिससे कानूनी स्वामित्व स्थापित हो सके। आय कर अधिनियम कहता है कि विक्रेता 3 वर्ष से अधिक (2017-18 से 2 वर्ष के लिए) संपत्ति को होल्ड करके दीर्घकालिक पूँजीगत लाभ प्राप्त कर सकता है। दीर्घकालिक पूँजीगत लाभ की गणना संपत्ति के अधिग्रहण की तारीख और बिक्री की तारीख से होती है। इंडेक्सेशन लागत मुद्रास्फीति सूचकांक की सहायता से किया जाता है (परिशिष्ट-ए)।

दीर्घकालिक पूँजीगत लाभ कर के प्रावधान अब वर्ष 2017 से पहले के केंद्रीय बजट की तरह 3 वर्ष के बजाय 2 वर्ष के लिए होल्ड की गई परिसंपत्ति पर लागू होते हैं। इसके अलावा, बजट में यह भी प्रस्ताव है कि वित्तीय वर्ष 2017-18 से कोई व्यक्ति केवल गृह ऋण पर दिए गए ब्याज पर 2 लाख रुपए की अधिकतम कटौती का दावा करने में सक्षम होगा, जिसमें उसके स्वामित्व वाली सभी संपत्तियाँ, कब्जेवाली स्व-संपत्तियों सहित

शामिल हैं। वर्ष 2017-18 के बजट ने दीर्घावधि पूँजीगत लाभ की गणना के लिए आधार वर्ष को बदलकर 1 अप्रैल, 1981 से 1 अप्रैल, 2001 कर दिया है। अचल संपत्ति सहित संपत्ति के सभी वर्गों का इंडेक्सेशन किया जाना है। इस कदम से पूँजी लाभ कर देनदारी में काफी कमी आएगी।

मान लेते हैं कि किसी व्यक्ति के पास अपने कब्जे में एक घर है, जिस पर ऋण लिया गया है। वह व्यक्ति आय कर अधिनियम की धारा 80 सी के अंतर्गत वर्ष के दौरान भुगतान किए गए मूल धन पर 1.50 लाख रुपए और धारा 24 के तहत चुकाए गए ब्याज पर 2.00 लाख रुपए तक पर कटौती का दावा पेश कर सकता है, हालाँकि वह निर्धारण वर्ष के तुरंत बाद आठ निर्धारण वर्षों, जिनके लिए ब्याज सेट ऑफ नहीं किया गया, के लिए ब्याज को कैरी फॉरवर्ड (सेट ऑफ नहीं) कर सकता है। वह धारा 54 के तहत मकान की बिक्री से दीर्घकालिक पूँजीगत लाभ के रूप में कर छूट का दावा कर सकता है। ऐसा करते हुए वह लाभ को दूसरे घर में पुनर्निवेशित करके या फिर पूँजी लाभ बॉण्ड इत्यादि में निवेश करते हुए कर बचा सकता है। उसे धारा 54 के तहत छूट का लाभ उठाने के लिए पूर्ण लाभ से या तो दो वर्ष के भीतर दूसरा मकान खरीद लेना चाहिए या फिर 3 वर्ष के भीतर एक मकान का निर्माण कर लेना चाहिए। इसके अलावा, कोई भी व्यक्ति पहला मकान बेचने के 1 वर्ष के भीतर दूसरा मकान खरीदकर इस धारा के तहत कर छूट का लाभ उठा सकता है।

कोई व्यक्ति दीर्घकालिक पूजीगत लाभ कर के खाते से धारा 54 ई.सी. के तहत छूट प्राप्त कर सकता है। पिछली परिसंपत्तियों की बिक्री की तारीख से 6 महीने के भीतर एन.एच.ए.आई. और आर.ई.सी. द्वारा धारा 54 ई.सी. के तहत जारी किए गए निर्दिष्ट पूँजीगत लाभ बॉण्डों में रकम निवेश किए जाने पर दीर्घकालिक पूँजीगत लाभ को बचाया जा सकता है।

आय कर अधिनियम, 1961 की धारा 54 ई.सी. कुछ शर्तों की पूर्ति के अधीन दीर्घकालिक पूँजीगत संपत्ति (किसी भी अचल संपत्ति, गहने या शेयर) के हस्तांतरण से उत्पन्न होनेवाले पूँजीगत लाभ पर कर बचाने का विकल्प प्रदान करती है—

- हस्तांतरित संपत्ति दीर्घकालिक पूँजीगत संपत्ति होनी चाहिए।
- ऐसी पूँजी परिसंपत्तियों को एसेसी द्वारा 1-04-2000 के बाद स्थानांतरित किया जाना चाहिए।
- एसेसी को इस प्रकार के हस्तांतरण की तारीख के 6 महीने के भीतर हर हालत में पूँजीगत लाभ का निवेश दीर्घावधि निर्दिष्ट संपत्ति में करना ही होगा।
- निर्दिष्ट परिसंपत्तियाँ 3 वर्ष के बाद भुनाए जाने योग्य बॉण्ड हैं, जो कि नेशनल बैंक फॉर एग्रीकल्चर एंड रूरल डेवलपमेंट (NABARD) या भारतीय राष्ट्रीय राजमार्ग प्राधिकरण (एन.एच.ए.आई.) या ग्रामीण विद्युतीकरण निगम लिमिटेड द्वारा जारी किए गए हैं। वर्ष 2002-03 से नेशनल हाउसिंग बैंक और सिडबी (SIDBI) को भी धारा 54 ईसी के तहत ऐसे बॉण्ड्स जारी करने की अनुमति प्राप्त हो गई है।

धारा 54 ईसी के तहत 1 वर्ष में प्राप्त पूँजीगत लाभ के निवेश की कुल सीमा 50 लाख रुपए से अधिक नहीं हो सकती।

एक बार धारा 54ईसी के तहत निर्दिष्ट बॉण्ड्स में निवेश किए जाने के बाद इनके अधिग्रहण की तारीख से 3 वर्ष की अवधि के भीतर ऐसे बॉण्ड्स को न तो स्थानांतरित ही किया जा सकता है और न धन में परिवर्तित (अन्यथा स्थानांतरण द्वारा) किया जा सकता है। ऐसा होने की स्थिति में पूर्व में धारा 54ईसी के तहत प्राप्त पूँजीगत लाभ की राशि को पिछले वर्ष, जिसमें बॉण्ड्स को स्थानांतरित किया गया है या धन में परिवर्तित (बिक्री से अन्यथा) किया गया है, का दीर्घकालिक पूँजीगत लाभ मान लिया जाएगा; हालाँकि वित्तीय वर्ष 2016-17 के लिए धारा 80 ई के तहत पहली बार घर के स्वामी बननेवाले 50,000 रुपए की कटौती का दावा कर सकते हैं। यह कटौती स्व-अधिकृत गृह संपत्ति के लिए आय कर अधिनियम की धारा 24 के तहत अनुमत 2,00,000 रुपए की कटौती के अलावा है, बशर्ते

कि खरीदी गई संपत्ति का मूल्य 50 लाख रुपए से कम और गृह ऋण 35 लाख रुपए से कम हो। साथ ही ऋण किसी वित्तीय संस्थान से लिया हुआ होना चाहिए और 1 अप्रैल, 2016 से 31 मार्च, 2017 के मध्य स्वीकृत हुआ होना चाहिए।

"बीमे पर एक छोटा सा प्रीमियम भविष्य में आपके परिवार को किसी भी प्रकार की अप्रत्याशित घटनाओं से सुरक्षित रखेगा।"

□

5

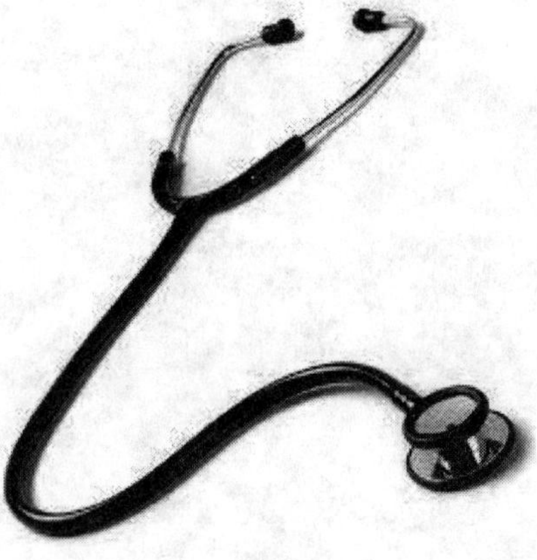

बीमा

वित्तीय नियोजन में बीमा

जीवन बीमा या पॉलिसी को खरीदना एक निवेश माना जा सकता है। किसी भी व्यक्ति के वित्तीय नियोजन में बीमा एक बेहद महत्त्वपूर्ण भूमिका निभाता है। हमारे पास बीमा पॉलिसी क्यों होनी चाहिए? यह किस बुनियादी आवश्यकता को पूरा करती है? आपने अकसर वित्तीय सलाहकारों को अपने ग्राहकों को कहते हुए सुना होगा, 'आपका बीमा कम है।' किसी व्यक्ति के लिए दायित्व के आधार पर जोखिम की समीक्षा के लिए जोखिम प्रबंधन की आवश्यकता होती है। आपके पोर्टफोलियो की समीक्षा करने के बाद एक वित्तीय सलाहकार आपको यह सुझाव दे सकता है कि आपके जीवन में कोई भी दुर्भाग्यपूर्ण घटना घटित होने की स्थिति में आपके परिवार की जरूरतों को पूरा करने के लिए कितना बीमा कवरेज आवश्यक है। टर्म इंश्योरेंस आपकी अनुपस्थिति में आपके परिवार की सुरक्षा करता है और होम लोन, कार लोन की किस्तों एवं अपने बच्चों के शैक्षिक खर्चों के रूप में देयता का सुरक्षित पुनर्भुगतान सुनिश्चित करता है। अनुभव पर आधारित नियम है कि किसी को अपनी मासिक आय के कम-से-कम 8 से 10 गुना राशि के बीमा कवर की आवश्यकता हो सकती है। यह एक सरल गणना है और व्यक्ति की देनदारियों को ध्यान में नहीं रखा जाता है।

हम तालिका-1 के उदाहरण के जरिए किसी व्यक्ति/छोटे परिवार की आय, व्यय और बचत पर लागू करके बीमा की भूमिका को आसानी से समझ सकते हैं। परिवार का मासिक खर्च 75,000 रुपए है। यदि किसी

अप्रत्याशित घटना के चलते कमाई करनेवाले प्रमुख सदस्य की मृत्यु हो गई और उसके पास कोई बीमा कवरेज नहीं था तो ऐसी दुर्भाग्यपूर्ण घटना के बाद परिवार के सामने आनेवाली अनिश्चित परिस्थितियों की कल्पना भी नहीं की जा सकती है। ऐसे में, बीमा कवरेज परिवार के सदस्यों की सुरक्षा करता है। किसी को भी अपने परिवार के सदस्यों को अप्रत्याशित परिस्थितियों से बचाने के लिए 1.25 करोड़ रुपए के बीमा कवरेज करवाना चाहिए, वह भी शुद्ध रूप से टर्म इंश्योरेंस पॉलिसी के जरिए।

40 वर्षीय एक पुरुष शुद्ध रूप से टर्म इंश्योरेंस पॉलिसी के लिए 20 वर्षों तक प्रतिवर्ष 19,600 रुपए चुकाकर 1.25 करोड़ रुपए का कवरेज पा सकता है और अपने परिवार को अप्रत्याशित परिस्थितियों से बचा सकता है। परिवार के सदस्य 1.25 करोड़ रुपए की दावा राशि का निवेश किसी राष्ट्रीयकृत बैंक में 1 वर्ष की अवधि के लिए सावधि जमा योजना में जमा करके प्रतिमाह 75,000 रुपए की ब्याज आय अर्जित कर सकते हैं, जो अप्रत्याशित घटनाओं के मामले में प्रतिवर्ष 7.20 प्रतिशत की ब्याज आय उत्पन्न करेगा। हमारे उदाहरण में परिवार की वार्षिक आय 13,20,000 रुपए है और प्राथमिक आय अर्जक की अनुपस्थिति के मामले में परिवार की सुरक्षा के लिए आवश्यक बीमा 1.25 करोड़ रुपए है, जो वार्षिक आय का 9.46 गुना है।

आप प्रतिवर्ष थोड़ी-सी प्रीमियम राशि का भुगतान करके व्यक्तिगत दुर्घटना बीमा पॉलिसी से भी स्वयं को सुरक्षित कर सकते हैं। यह बीमा आपको आंशिक विकलांगता से बचाता है और अप्रत्याशित घटनाओं, जैसे—मृत्यु, पूर्ण विकलांगता एवं स्थायी विकलांगता के मामले में आपके परिवार की सुरक्षा करता है।

राष्ट्रीय बीमा कंपनियों और निजी बीमा कंपनियों द्वारा बाजार में कई प्रकार का बीमा कवरेज उपलब्ध है। कोई भी सामनेवाले की जरूरत के हिसाब से पता लगा सकता है कि उसका कितना बीमा होना है। आपको अपने जीवनकाल में ही मेडिक्लेम पॉलिसी (स्वास्थ्य बीमा) लेकर स्वयं और अपने

परिवार को सुरक्षित कर लेना चाहिए। एक स्वास्थ्य बीमा पॉलिसी आपको और आपके परिवार को चिकित्सीय आपातकाल के मामले में उत्पन्न होनेवाली चिकित्सा लागतों के लिए कवरेज प्रदान करती है। यह अस्पताल में आपके भरती होने पर आनेवाले खर्चों का भुगतान करता है और आपको धारा 80डी के तहत 25,000 रुपए की राशि के लिए आय कर लाभ भी प्रदान करता है।

क्यों लें स्वास्थ्य बीमा?

जीवन बीमा के बनिस्बत चिकित्सा बीमा अधिक महत्त्वपूर्ण है, क्योंकि परिवार के सदस्य को चिकित्सा देखभाल की आवश्यकता की संभावना कमानेवाले की मृत्यु से अधिक है। प्रत्येक व्यक्ति के लिए स्वयं को उच्च और महँगे मेडिकल खर्चे से बचाने के लिए पर्याप्त मेडिकल पॉलिसी लेना आवश्यक है। चिकित्सा पर होनेवाला व्यय दिनोंदिन बढ़ता जा रहा है और आज की तारीख में एक सामान्य से अस्पताल में तीन से चार दिनों के लिए भरती होने पर 50,000 से 60,000 रुपए तक का बिल आ सकता है। आप कई लाभ देने का वायदा करनेवाली महँगी अभिनव योजनाएँ खरीदने से बच सकते हैं। दूसरी ओर, एक साधारण चिकित्सा बीमा योजना गंभीर बीमारियों के मामले में इलाज के खर्च का भुगतान करने में सक्षम नहीं हो सकती है। दिल की बीमारियों, कैंसर और यकृत रोगों जैसी कुछ गंभीर बीमारियों के इलाज का खर्च बहुत अधिक हो सकता है। गंभीर बीमारियों के मामले से बचाने के लिए आप इन गंभीर बीमारियों के खिलाफ एक अलग कवर खरीद सकते हैं या जीवन या स्वास्थ्य बीमा कवर के साथ एक राइडर ले सकते हैं। गंभीर बीमारियों की स्टैंडअलोन योजना न लें। इसके बजाय हृदय रोग, मधुमेह, किडनी, कैंसर और यकृत से संबंधित रोग जैसे जीवन-शैली से संबंधित जोखिमों को कवर करना बुद्धिमत्ता वाला कदम है।

कुल मिलाकर, कह सकते हैं कि एक बीमा पॉलिसी अप्रत्याशित चिकित्सा खर्च और आपातकालीन स्थिति में किसी व्यक्ति के अस्पताल में भरती होने की स्थिति में होनेवाले खर्च को कवर करती है। यह कर बचाने

में सहायक होती है और आपकी अनुपस्थिति में आपके परिवार के दैनिक व मासिक खर्चों को उठाने के अलावा आपकी ऋण देयता का भुगतान कर उन्हें सुरक्षित करती है।

तालिका-19
बीमा कवरेज राशि की गणना

क्र.	उम्र	मासिक खर्च	मासिक ऋण पुनर्भुगतान	कुल मासिक खर्च	वार्षिक खर्च	65 वर्ष की उम्र तक बीमा राशि
	आई.एन. आर. (रु.)	आई.एन. आर. (रु.)	आई.एन.आर. (रु.)	आई.एन. आर. (रु.)	आई.एन. आर. (रु.)	आई.एन. आर. (रु.)
1	30	20,000	0	20,000	2,40,000	84,00,000
2	35	28,000	10,000	38,000	4,56,000	1,36,80,000
3	40	34,500	12,500	47,000	5,64,000	1,41,00,000
4	45	40,000	25,000	65,000	7,80,000	1,56,00,000
5	50	50,000	25,000	75,000	9,00,000	1,35,00,000
6	55	52,000	0	52,000	6,24,000	62,40,000

ऊपर विश्लेषित (तालिका-19) किए गए उदाहरण में किसी व्यक्ति के लिए 65 वर्ष की उम्र तक मासिक खर्च और ऋण की अदायगी के आधार पर बीमा आवश्यकता की गणना की गई है।

12.01.2017 को एच.डी.एफ.सी. लाइफ क्लिक 2 प्रोजेक्ट प्लस ऑनलाइन पॉलिसी के लिए प्रीमियम की गणना

तालिका-20

निवेशक की उम्र	बीमा कवरेज की अवधि	बीमा कवरेज का मूल्य	एच.डी.एफ.सी. क्लिक 2 प्रोजेक्ट का वार्षिक प्रीमियम
वर्ष	वर्ष	(रु.)	(रु.)
30	35	84,00,000	9,824
35	30	1,40,00,000	19,652
40	25	1,40,00,000	25,212
45	20	1,50,00,000	36,825
50	15	1,30,00,000	43,744
55	10	70,00,000	36,008

आप कम उम्र में अपना बीमा करवा सकते हैं और ऐसे में आपको बेहद कम प्रीमियम का भुगतान करना पड़ेगा। उदाहरण के लिए, अगर कोई व्यक्ति 819 रुपए प्रतिमाह या 9,824 रुपए प्रतिवर्ष का भुगतान करके 35 वर्षों के लिए 84,00,000 रुपए का बीमा कवरेज लेता है तो उस व्यक्ति को भविष्य में किसी अप्रत्याशित घटना से दो-चार होने पर 35 वर्ष तक मासिक खर्च के लिए 20,000 रुपए प्रतिमाह की सुरक्षा प्रदान होगी।

आपको पॉलिसी लेने से पहले किसी वित्तीय सलाहकार से परामर्श लेना चाहिए, क्योंकि बाजार में मौजूद अधिकांश बीमा कंपनियाँ बहुत ही कम और प्रतिस्पर्धी प्रीमियम के साथ नए व विविध उत्पाद पेश करती हैं।

आपको जीवन के विभिन्न चरणों में अपने बीमा कवर की समीक्षा करने की भी आवश्यकता है। यदि आपने घर, कार या व्यक्तिगत ऋण जैसा कोई ऋण लिया है तो आपको उस राशि के बराबर एक टर्म पॉलिसी लेनी

होगी। किसी अप्रत्याशित घटना के हो जाने पर आपका परिवार ऋण राशि का भुगतान करने में सक्षम होगा।

इंश्योरेंस टिप्स

- टर्म पॉलिसी के मामले में 20 वर्षीय प्लान के लिए उम्र 45 वर्ष होनी चाहिए।
- स्वास्थ्य बीमा योजना को जितना जल्दी हो सके, उतना जल्दी खरीदें और इसे वर्ष–दर–वर्ष जारी रखें।
- पर्याप्त कमाना प्रारंभ करते ही अपनी देयता को कवर करने के लिए एक व्यक्तिगत दुर्घटना पॉलिसी लें।

आप एल.आई.सी., एस.बी.आई. लाइफ, आई.सी.आई.सी.आई. प्रूडेंशियल, एच.डी.एफ.सी. लाइफ, मेट लाइफ, टाटा ए.आई.जी., कोटक महिंद्रा लाइफ, आई.एन.जी. लाइफ इंश्योरेंस, बजाज एलायंज और बिरला सनलाइफ जैसी प्रमुख बीमा कंपनियों से बीमा पॉलिसी खरीदकर अपने परिजनों को अप्रत्याशित घटनाओं के प्रति सुरक्षित कर सकते हैं।

कर लाभ

जीवन बीमा पॉलिसियों (टर्म पॉलिसी/व्यक्तिगत दुर्घटना पॉलिसी इत्यादि) के प्रीमियम की मद में चुकाए गए 1,50,000 रुपए (1 लाख 50 हजार) तक पर आय कर अधिनियम, 1961 की धारा 80सी के तहत छूट का लाभ प्राप्त करें। इसके अलावा, वर्ष 2015–16 के लिए करदाता या उनके जीवनसाथी या फिर उनके आश्रित बच्चों के स्वास्थ्य बीमा प्रीमियम पर आय कर अधिनियम, 1961 की धारा 80डी के तहत 25,000 रुपए की राशि में कटौती का भी लाभ उठाएँ।

इसके अलावा, अगर करदाता एक व्यक्ति है तो आकलन वर्ष (ए./वाई.) 2016–17 में उसके माता और/या पिता के मेडिक्लेम बीमा के लिए चुकाए गए प्रीमियम पर 25,000 रुपए की अतिरिक्त कटौती भी उपलब्ध है। □

6

यूनिट लिंक्ड बीमा योजना

यूनिट लिंक्ड इंश्योरेंस प्लान (ULIP)

यूनिट लिंक्ड इंश्योरेंस प्लान (ULIP) निवेशकों को एकल एकीकृत योजना के तहत बीमा और निवेश दोनों का लाभ देनेवाला उत्पाद है। यह उत्पाद किसी व्यक्ति/परिवार/व्यक्तियों के समूह को लक्ष्य प्राप्त करने का लाभ प्रदान करता है। यह मूल रूप से बीमा और निवेश का एक संयोजन है। एक यूलिप-धारक बीमा का लाभ उठा सकता है, जैसा कि आमतौर पर भारत में जीवन बीमा कंपनियों द्वारा पेश किया जाता है। इसके अलावा, वह बिल्कुल उसी तरह निवेश पर रिटर्न का लाभ भी प्राप्त करता है, जैसे एक म्यूचुअल फंड यूनिट-धारक को बाजार में मिलता है।

वर्ष 1971 में यूनिट ट्रस्ट ऑफ इंडिया भारत में लॉन्च किया गया पहला यूलिप (ULIP) था। इंश्योरेंस रेगुलेटरी एंड डेवलपमेंट अथॉरिटी (आई. आर.डी.ए.) ने बाद में वर्ष 2005 में यूलिप के लिए प्रमुख दिशा-निर्देश जारी किए। भारत में लगभग सभी बीमा कंपनियों ने निवेशकों की निवेश जरूरतों को पूरा करने के लिए ढेरों यूलिप योजनाएँ शुरू कीं, विशेष रूप से उन लोगों के लिए, जिन्हें निवेश के लिए एक ऐसी योजना या उत्पाद की तलाश है, जो उन्हें बीमा के माध्यम से अप्रत्याशित घटनाओं से बचाने में मदद करने के साथ-साथ निवेश के रूप में आकर्षक रिटर्न भी प्रदान करे।

यूलिप की अवधारणा यह है कि भुगतान किए गए प्रीमियम का एक हिस्सा पॉलिसी-धारक को बीमा कवर प्रदान करने में उपयोग किया जाता है, जबकि शेष हिस्सा रिटर्न अर्जित करने के लिए विभिन्न इक्विटी और ऋण

योजनाओं में निवेश किया जाता है। म्यूचुअल फंड की ही तरह बीमा कंपनी द्वारा एकत्रित धनराशि का उपयोग उन फंड्स का एक पूल बनाने के लिए किया जाता है, जो विभिन्न बाजार साधनों (ऋण और इक्विटी) में निवेश करने के लिए उपयोग किए जाते हैं और उन उपकरणों से उत्पन्न रिटर्न को यूलिप-धारकों को आवंटित इकाइयों के आधार पर वितरित किया जाता है। यूलिप पर रिटर्न की शुद्ध दर नेट एसेट वैल्यू (एन.ए.वी.) के आधार पर निर्धारित की जाती है, जिसकी घोषणा हर दिन की जाती है। बाजार की स्थितियों और फंड के प्रदर्शन के आधार पर एन.ए.वी. एक यूलिप से दूसरे में भिन्न होता है।

यूलिप के प्रकार

निवेशक के निवेश उद्देश्यों, उसकी जोखिम उठाने की क्षमता के साथ-साथ निवेश के क्षेत्र के आधार पर बाजार में विभिन्न प्रकार की यूलिप योजनाएँ उपलब्ध हैं। किसी भी व्यक्ति को अपनी जरूरत के हिसाब से उत्पाद चुनना होता है। कुछ यूलिप निवेशित पूँजी के बड़े हिस्से को डेब्ट इंस्ट्रूमेंट्स में आवंटित करके इसे सुरक्षित रखते हैं, जबकि अन्य विशुद्ध रूप से इक्विटी में निवेश करते हैं। इसलिए, कुल मिलाकर यह कहा जा सकता है कि प्रत्येक निवेशक के लिए यूलिप का प्रकार निवेश के लिए उसके लक्ष्य/उद्देश्य और जोखिम उठाने की उसकी क्षमता पर निर्भर करता है।

पॉलिसी-धारक एक फंड (ऋण या इक्विटी) या अपनी निवेश की जरूरत और क्षमता के आधार पर दोनों का मिश्रण चुन सकते हैं।

पदांतरण (स्विच ओवर) का विकल्प और लचीलापन

बीमा कंपनी आपको यूनिट लिंक्ड प्लान के तहत उपलब्ध फंड के बीच अंतरण करने की सुविधा देती है। कुछ बाजार में उतार-चढ़ाव या ब्याज दर में उतार-चढ़ाव होने पर आप इक्विटी और डेब्ट फंड के बीच अंतरण करना चाह सकते हैं। कुछ बीमा कंपनियाँ एक फंड से दूसरे फंड में स्विच के लिए एक निश्चित राशि चार्ज करती हैं और कुछ यूलिपधारकों को एक वर्ष में या

यूलिप की समयावधि के दौरान एक निश्चित संख्या में मुफ्त स्विच ओवर की अनुमति देती हैं। यूलिप में निवेश करने से पहले निवेशक को यह उपधारा अवश्य पढ़नी चाहिए, अन्यथा उसे पदांतरण शुल्क वहन करना पड़ेगा।

इसके अलावा, यूलिप भी शर्तों और शुल्क के तहत आंशिक निकासी की सुविधा प्रदान करता है।

प्रीमियम भुगतान करने का विकल्प

आप चाहें तो पॉलिसी अवधि के प्रारंभ में पूरे यूलिप प्रीमियम का भुगतान कर सकते हैं या फिर अपनी सुविधा से मासिक, अर्ध-वार्षिक और वार्षिक जैसे नियमित अंतराल पर भी भुगतान कर सकते हैं। किसी को भी यूलिप का चयन करने से पहले तमाम नियमों और शर्तों के अलावा न्यूनतम लॉक-इन पीरियड इत्यादि जैसे अन्य नियमों व शर्तों को अच्छे से पढ़ और समझ लेना चाहिए।

यूलिप शुल्क

प्रत्येक जीवन बीमा कंपनी आमतौर पर लाभ और प्रबंधन की लागत के मद में यूलिपधारकों से निश्चित शुल्क काटती है। यूलिप योजनाओं में लागू शुल्कों की एक सूची होती है, जो देय प्रीमियम से काट ली जाती है; जैसे पॉलिसी प्रबंधन शुल्क, प्रीमियम आवंटन शुल्क, फंड स्विचिंग शुल्क, मॉर्टेलिटी शुल्क, पॉलिसी सरेंडर या निकासी शुल्क और फंड वैल्यू के प्रतिशत के रूप में 'गारंटी चार्ज' भी।

प्रबंधन शुल्क

यह बीमा कंपनी द्वारा प्रतिमाह प्रबंधन की मद में लिया जानेवाला शुल्क है। पॉलिसीधारक द्वारा चुने गए प्रत्येक फंड से आनुपातिक रूप से यूनिट्स को रद्द करके प्रबंधन शुल्क काटा जाता है। उदाहरण के लिए, यदि आपके पोर्टफोलियो में एक डेब्ट फंड है और दूसरा इक्विटी फंड तो आपको हर महीने आपके द्वारा चुने गए प्रत्येक फंड के लिए प्रबंधन शुल्क चुकाना होगा।

आइए, मान लेते हैं, नियत पॉलिसी प्रबंधन शुल्क 100 रुपए प्रतिमाह है और इसे इकाइयों को रद्द करके वापस प्राप्त किया जाएगा।

फंड प्रबंधन शुल्क

यह शुल्क फंड के प्रबंधन से संबंधित खर्चों को पूरा करने के लिए है। यह फंड के मूल्य के प्रतिशत के रूप में लिया जाता है और फंड के शुद्ध परिसंपत्ति मूल्य पर पहुँचने से पहले घटाया जाता है। आमतौर पर बीमा कंपनी द्वारा वसूले जानेवाले फंड प्रबंधन शुल्क इस प्रकार हैं—

तालिका-21

फंड का नाम	फंड प्रबंधन शुल्क (शुद्ध संपत्तियों का % प्रतिवर्ष)
फंड-I	0.75 प्रतिशत
फंड-II	1.00 प्रतिशत
फंड-III	1.50 प्रतिशत
फंड-IV	1.00 प्रतिशत
फंड-V	0.75 प्रतिशत
फंड-VI	1.00 प्रतिशत
फंड-VII	2.00 प्रतिशत

इससे स्पष्ट है कि प्रत्येक फंड के शुल्क अलग-अलग होते हैं। इसके अलावा, ये एक बीमा कंपनी से दूसरी बीमा कंपनी के मामले में भी भिन्न होते हैं।

अंतरण शुल्क : आप अपनी बदलती हुई आवश्यकताओं और लक्ष्यों के अनुरूप उपलब्ध धन के बीच स्विच कर सकते हैं। एक पॉलिसी वर्ष में निश्चित संख्या में ऐसे मुफ्त स्विच उपलब्ध हैं। उसके बाद प्रत्येक स्विच पर

एक निश्चित शुल्क लागू होता है। ये शुल्क आपके द्वारा चुने गए प्रत्येक फंड से आनुपातिक रूप से यूनिट्स को रद्द करके काटे जाते हैं।

सरेंडर शुल्क : यदि आप मैच्योरिटी से पहले पॉलिसी सरेंडर कर देते हैं तो आपको बीमा कंपनी को सरेंडर के खाते में कुछ शुल्क देना होगा। यह फंड वैल्यू के प्रतिशत के रूप में लिया जाता है और उस पॉलिसी वर्ष पर निर्भर करता है, जिसमें पॉलिसी सरेंडर की गई है। यह शुल्क एक यूलिप से दूसरे में भिन्न होता है। यूलिप में निवेश करने से पहले आपको शर्तों को जरूर पढ़ना चाहिए।

प्रीमियम आवंटन शुल्क : यह शुल्क प्राप्त प्रीमियम के एक निश्चित प्रतिशत के रूप में काटा जाता है और आमतौर पर पॉलिसी के प्रारंभिक वर्षों में उच्च दर पर लागू होता है। यह शुल्क पॉलिसी एकल प्रीमियम या नियमित प्रीमियम पॉलिसी है। प्रीमियम का आकार, प्रीमियम आवृत्ति और भुगतान मोड के आधार पर भिन्न हो सकता है। पूर्व में, यूलिप के लिए प्रीमियम आवंटन शुल्क के रूप में करीब 100 प्रतिशत तक प्रारंभिक आवंटन प्रीमियम लिया गया था। इसी एकमात्र कारण के चलते आपको अपने लॉक-इन पीरियड के तीन या पाँच वर्ष बाद यूलिप को सरेंडर करने पर निवेशित धन का 60 प्रतिशत से 70 प्रतिशत मिलता है। दो विभिन्न, लेकिन समान प्रकार के फंडों के लिए दो अलग-अलग बीमा कंपनियों के लिए ये शुल्क (इक्विटी और डेब्ट दोनों पोर्टफोलियो संयोजन) निम्नानुसार हैं—

तालिका-22

Premium for policy years	Premium allocation charges (% of annual target premium)	
	ICICI Life Stage Assure	Max unit builder unit link investment plan
1 year	100%	100%
2-3	5%	7.5%
4-5	2%	2%
6-10	1%	2%
11 and thereafter	0%	2%

आई.सी.आई.सी.आई. लाइफ स्टेज एश्योर पॉलिसी ने आपके निवेश को, निवेशक की आयु के अनुपात में, दो फंडों के बीच वितरित किया—एक निवेशक फंड (फ्लेक्सी ग्रोथ IV) और एक डेब्ड फंड (प्रोटेक्टर IV)। मान लेते हैं कि आपकी उम्र 36 से 45 वर्ष के बीच है। इक्विटी और ऋण आवंटन क्रमश: 65 प्रतिशत और 35 प्रतिशत होगा। फंड मैनेजर ने बाजार और आर्थिक स्थितियों के आधार पर उपर्युक्त अनुपात पर भी शुल्क लिया।

मैक्स यूनिट बिल्डर यूनिट लिंक्ड इन्वेस्टमेंट प्लान ने भी पॉलिसीधारक की उम्र और वरीयता के आधार पर तीन फंडों—सेक्योर्ड, बैलेंस और इक्विटी फंड के रूप में आवंटन किया।

आंशिक निकासी शुल्क : लॉक-इन पीरियड के बाद फंड से एकमुश्त निकासी की अनुमति दी जाती है, जैसे पॉलिसी अवधि के तीन वर्ष

या पाँच वर्ष, जो पूर्व निर्दिष्ट शर्तों के अधीन होती है। बीमा कंपनी आंशिक निकासी के लिए शुल्क के रूप में एक निश्चित राशि लेती है।

यूलिप में दो तरह के जोखिम लाभ शुल्क हो सकते हैं। प्रत्येक प्रकार आपके द्वारा चुने गए विभिन्न प्रकार के कवर के लिए चार्ज करने के लिए है। वे (जैसा कि आई.आर.डी.ए. द्वारा परिभाषित सर्कुलर संख्या 032/आई.आर.डी.ए./ए.सी.टी.एल./दिसंबर-2005 के अनुसार) हैं—

1. मॉर्टेलिटी शुल्क : यह जीवन बीमा कवर की लागत है। आयु और कवर की राशि के आधार पर ये शुल्क पॉलिसीधारक को मृत्यु कवर प्रदान करने के लिए वसूल किए जाते हैं। ये शुल्क यूनिटों को रद्द करने या प्रीमियम को डेबिट करने या दोनों पर लगाए जानेवाले किसी भी व्ययार्थ वृद्धि से अलग होते हैं। यह फंड पर प्रत्येक पॉलिसी महीने की शुरुआत में लगाया जा सकता है। मॉर्टेलिटी शुल्क की खर्च राशि आयु घटक के आधार पर निवेशक से निवेशक के लिए, उत्पाद से उत्पाद और एक जीवन बीमा कंपनी से दूसरी कंपनी के मामले में भिन्न हो सकती है। बीमा कंपनी इन शुल्कों की कटौती करते समय प्रतिमाह इन शुल्कों को एक पूर्व निर्धारित सूत्र का उपयोग करके आपके द्वारा निवेश की गई पूर्ण राशि के अनुपात में पूर्व आवंटित यूनिट्स को डि-एलोकेट करके करती है।

जोखिम लाभ शुल्क (रिस्क बेनेफिट चार्ज)

यह अतिरिक्त जीवन लाभ के रूप में पेशकश की गई रुग्णता लाभ की लागत है। ये शुल्क यूनिटों को रद्द करने या प्रीमियम को डेबिट करने, लेकिन दोनों एक साथ नहीं, पर लगाए जानेवाले किसी भी व्ययार्थ वृद्धि से अलग होते हैं। यह फंड पर प्रत्येक पॉलिसी महीने की शुरुआत में लगाया जा सकता है। यह शुल्क मॉर्टेलिटी शुल्क के अतिरिक्त उस स्थिति में लिया जाएगा, जब आप उस प्रसुविधा के लिए कवर होंगे।

आइए, हम ऊपर उल्लिखित दो फंडों का सारांश देखें, जिन्हें बीमा कंपनी द्वारा वर्ष 2008 और 2009 में जारी किया गया था।

तालिका-23

शुल्क	अक्तूबर 2008 में जारी आई.सी.आई.सी.आई. लाइफ स्टेज एश्योर	मार्च 2009 में जारी मैक्स यूनिट बिल्डर यूनिट लिंक्ड इन्वेस्टमेंट प्लान
प्रीमियम आवंटन शुल्क	पहले वर्ष में, प्रीमियम गारंटीड मैच्योरिटी एडीशन (जी.एम.ए.) प्रदान करने में जाता है और इसे यूनिटों को आवंटित नहीं किया जाता है। दूसरे वर्ष के बाद से इस अध्याय की तालिका-22 में परिभाषित आधार पर प्रीमियम आवंटन का शुल्क लिया जाता है।	
मॉर्टेलिटी चार्जेस—पॉलिसीधारक की उम्र को 40 वर्ष मानते हुए	स्वस्थ पुरुष जीवन के लिए प्रतिवर्ष 2.46 रुपए प्रति हजार लाइफ कवर।	स्वस्थ पुरुष जीवन के लिए प्रतिवर्ष 3.69 रुपए प्रतिवर्ष, दूसरे पॉलिसी वर्ष के बाद से
फंड प्रबंधन शुल्क (एफ.एम.सी.)	फ्लेक्सी ग्रोथ IV के लिए—1.5 प्रतिशत प्रतिवर्ष प्रोटेक्टर IV के लिए-0.75 प्रतिशत प्रतिवर्ष	सेक्योर्ड फंड-0.90 प्रतिशत बैलेंस फंड-1.10 प्रतिशत डायनेमिक अपॉर्च्युनिटी फंड-1.6 प्रतिशत
पॉलिसी प्रबंधन शुल्क	60 रुपए प्रतिमाह (इसे अधिकतम 240 रुपए प्रतिमाह तक बढ़ाया जा सकता है)	दूसरे वर्ष से 90 रुपए प्रतिमाह और शुल्कों में वार्षिक 5 प्रतिशत की वृद्धि होगी।
स्विचिंग शुल्क	प्रत्येक पॉलिसी वर्ष में 4 निःशुल्क स्विच की अनुमति है और इसके बाद 100 रुपए प्रति स्विच शुल्क लिया जाएगा।	प्रत्येक पॉलिसी वर्ष में 6 निःशुल्क स्विच की अनुमति है और इसके बाद 500 रुपए प्रति स्विच शुल्क लिया जाएगा।

नियामक शुल्क

सभी यूलिप समय-समय पर लागू होनेवाले करों और अन्य नियामक शुल्कों के अधीन होंगे। पॉलिसीधारकों को देश के प्रचलित कानूनों व नियमों के अनुसार करों का भुगतान करना होगा।

यूलिप के जोखिम

म्यूचुअल फंड्स की तरह ही यूलिप (ULIP—यूनिट लिंक्ड इंश्योरेंस प्लान) रिटर्न भी सीधे बाजार के प्रदर्शन से जुड़ा हुआ है। निवेशकों को किसी निवेश पोर्टफोलियो में शामिल उत्पाद संरचना, पोर्टफोलियो आवंटन और निवेश जोखिम को अच्छी तरह से समझना चाहिए। वित्तीय और ऋण बाजारों को प्रभावित करनेवाले कारकों एवं ताकतों के अलावा समय-समय पर देश की राजनीतिक, आर्थिक और ब्याज दरों में बदलाव के आधार पर प्रत्येक फंड की फंड वैल्यू बढ़ या घट सकती है। यूलिप धारक को उत्पाद में शामिल जोखिमों को अच्छी तरह से समझना होगा और यूलिप में निवेश करने का निर्णय लेने से पहले इसमें शामिल जोखिम कारकों को जानना बुद्धिमत्तापूर्ण कदम होता है।

यूलिप के लाभ

परिपक्वता लाभ : परिपक्वता की तारीख पर बीमित व्यक्ति के जीवित रहने की स्थिति में परिपक्वता तिथि को प्रचलित फंड वैल्यू के बराबर परिपक्वता लाभ (मैच्योरिटी बेनेफिट) के साथ गारंटीशुदा परिपक्वता राशि, जैसा पॉलिसी में लागू हो, देय होगी।

मृत्यु लाभ : पॉलिसी की अवधि के दौरान बीमित व्यक्ति की मृत्यु के मामले में नामिती को बीमित राशि, जो अंकित मूल्य है और यूलिप में उल्लिखित कोई भी गारंटीकृत धनराशि प्राप्त होगी।

कर लाभ : हम सभी जानते हैं कि जीवन बीमा पॉलिसी में किया गया निवेश आय कर अधिनियम की धारा 80सी के तहत टैक्स छूट के लिए पात्र है, हालाँकि कुछ यूलिप धारा 10(10डी) के तहत भी कर लाभ प्रदान करते हैं।

वर्ष 2014–15 के बजट में सरकार ने जीवन बीमा पॉलिसियों से रिटर्न के कराधान के संबंध में एक नया प्रावधान पेश किया। इस प्रावधान में कहा गया है कि वे सभी जीवन बीमा पॉलिसियाँ, जो धारा 10(10डी) के तहत कर छूट के लिए पात्र नहीं हैं, में पॉलिसीधारक को भुगतान की गई राशि से स्रोत पर 2 प्रतिशत टैक्स काटा जाएगा।

यूलिप और पेंशन योजना का कर निहितार्थ

नीचे बीमा पॉलिसियों (यूलिप, पेंशन योजना और पारंपरिक योजनाओं) के कर निहितार्थ के कुछ महत्त्वपूर्ण पहलू दिए गए हैं।

यूलिप में निवेश से निवेशकों को सन् 1961 के आय कर अधिनियम की धारा 80सी के तहत 1,50,000 रुपए तक की कर कटौती की अनुमति मिलती है। अधिकांश जीवन बीमा पॉलिसियाँ आय कर अधिनियम की धारा 80सी के तहत कर बचाने और वित्तीय वर्ष में 1,50,000 रुपए तक के कटौती लाभ को पाने के लिए खरीदी जाती हैं। 1 अप्रैल, 2012 से जीवन बीमा या यूनिट लिंक्ड इंश्योरेंस पॉलिसी या पेंशन फंड से बीमाकृत की गई राशि के 10 प्रतिशत से अधिक भुगतान किए गए किसी भी प्रीमियम को धारा 80सी के तहत अनुमति नहीं मिलेगी। इसके अलावा, यूलिप की परिपक्वता पर मिलनेवाली रिटर्न भी धारा 10(10डी) के तहत कर–मुक्त है।

बीमा कंपनी से प्राप्त धन का कर उपचार

एक आम धारणा यह है कि बीमा कंपनियों से प्राप्त तमाम धनराशि छूट प्राप्त है। पर ऐसा नहीं है। आय कर अधिनियम की धारा 10(10) एक बीमा पॉलिसी के संबंध में बीमा कंपनी से प्राप्त धन के मामले में छूट का प्रावधान करती है। उपर्युक्त अनुभाग के तहत प्रावधान का विवरण और www.idbifederal.com द्वारा परिभाषित प्रासंगिक शर्तों को नीचे पुन: प्रस्तुत किया गया है—

बीमा पॉलिसी—धारा 10(10डी)**

आय कर अधिनियम, 1961 की धारा 10(10डी) के अनुसार, जीवन बीमा पॉलिसी के तहत प्राप्त किसी भी राशि, जिसमें उस पॉलिसी पर बोनस के माध्यम से आवंटित राशि भी शामिल है, को कर से छूट प्राप्त है; हालाँकि यह नियम निम्न राशियों पर लागू नहीं होता है—

- धारा 80 डीडी (3) के तहत प्राप्त राशि या
- कीमैन इंश्योरेंस पॉलिसी के तहत प्राप्त कोई भी राशि या
- 1 अप्रैल, 2003 को या उसके बाद जारी की गई बीमा पॉलिसी के तहत मृत्यु लाभ के अलावा प्राप्त की गई कोई भी राशि और अगर पॉलिसी की अवधि के दौरान किसी भी वर्ष में भुगतान किया गया प्रीमियम वास्तविक बीमा पूँजी राशि के 20 प्रतिशत से अधिक है।
- वित्त अधिनियम 2012 के तहत 1 अप्रैल, 2012 को या उसके बाद जारी की गई जीवन बीमा पॉलिसियों के तहत मिलनेवाले लाभों पर धारा 10 (10डी) के तहत छूट केवल तभी मिलेगी, जब किसी भी वर्ष में देय प्रीमियम बीमा राशि के 10 प्रतिशत से अधिक न हो।
- हालाँकि आपके प्लान के तहत मृत्यु लाभ हमेशा धारा 10 (10डी) के तहत कर-मुक्त है।

उपर्युक्त खंड से यह स्पष्ट है कि 31 मार्च, 2012 के बाद जारी की गई पॉलिसियों के मामले में अगर उक्त पॉलिसियों का प्रीमियम किसी भी वर्ष में बीमित राशि का 10 प्रतिशत से अधिक हो जाता है तो प्राप्तकर्ता के हाथों में आते ही वह कर के दायरे में आ जाएगा। उपर्युक्त के अतिरिक्त धारा 80डी डी के तहत शारीरिक रूप से किसी अक्षम व्यक्ति की देखभाल के लिए खरीदी गई किसी भी जीवन बीमा पॉलिसी से प्राप्त धन, यदि ऐसा व्यक्ति प्रस्तावक से पहले मर जाता है तो प्रस्तावक को मिला धन भी कर के दायरे में आएगा।

हम आमतौर पर एक बीमा कंपनी से तीन मामलों के तहत पैसा प्राप्त

करते हैं—पॉलिसीधारक की मृत्यु, पॉलिसी की परिपक्वता से पहले सरेंडर और पॉलिसी की परिपक्वता के बाद सरेंडर करके। प्रत्येक मामले में कर उपाय बिल्कुल अलग है। आइए, हम एक-एक करके इनके बारे में जानते हैं।

1. **पॉलिसीधारक की मृत्यु**

पॉलिसीधारक की मृत्यु की स्थिति में पारंपरिक योजनाओं और यूनिट लिंक्ड बीमा योजनाओं (ULIP) पर परिवार के सदस्यों (नामांकितों) द्वारा प्राप्त राशि आय कर अधिनियम की धारा 10 के तहत पूरी तरह से कर-मुक्त है। पेंशन योजना के मामले में पॉलिसीधारक की मृत्यु पर परिवार के सदस्यों द्वारा प्राप्त राशि धारा 10(10 डी) के तहत पूरी तरह से कर-मुक्त है।

2. **परिपक्वता से पहले पॉलिसी सरेंडर करने पर**

पारंपरिक योजनाओं और यूलिप के मामले में यदि पॉलिसीधारक परिपक्वता से पहले पॉलिसी का सरेंडर करता है तो कर देयता इस बात पर निर्भर करेगी कि उसने पॉलिसी पर 5 प्रीमियम का भुगतान किया है या नहीं। यदि पॉलिसीधारक ने 5 प्रीमियम का भुगतान किया है और उसके बाद पॉलिसी को सरेंडर किया है तो कर देयता शून्य हो जाएगी। दूसरी ओर, सरेंडर बैल्यू प्राप्त होने पर उस वर्ष के लिए पॉलिसीधारक की कुल आय में सरेंडर वैल्यू को जोड़ा जाएगा और उस पर पॉलिसीधारक पर लागू सामान्य कर दर के अनुसार कर लगाया जाता है।

हालाँकि, अगर यह पेंशन योजना है और पॉलिसीधारक परिपक्वता से पहले सरेंडर करता है तो कर निहितार्थ काफी अलग है। सबसे पहले, पिछले वर्षों के दौरान आय कर अधिनियम के अनुसार, 80 सी कटौती के लिए प्रीमियम दावे की राशि वापस हो जाएगी और पॉलिसीधारक को उस पर कर का भुगतान करना होगा। दूसरे, पूरी सरेंडर वैल्यू को पॉलिसीधारक की आय माना जाएगा

और पॉलिसीधारक की स्लैब दर के अनुसार कर का भुगतान भी किया जाएगा।

इसलिए उपर्युक्त चर्चा से यह बिल्कुल स्पष्ट है कि आपको सरेंडर करने से पहले आय कर के विभिन्न सेक्शनों को ध्यान में रखना चाहिए, विशेष रूप से पेंशन योजना के मामले में।

3. परिपक्वता पर पॉलिसीधारक द्वारा प्राप्त राशि

अगर पॉलिसीधारक पॉलिसी बनाए रखता है और परिपक्वता राशि प्राप्त करता है तो पारंपरिक योजनाओं और यूलिप के लिए परिपक्वता राशि पूरी तरह से कर-मुक्त है; हालाँकि पेंशन योजनाओं के लिए परिपक्वता राशि का एक-तिहाई भाग कर-मुक्त है और परिपक्वता पर प्राप्त बाकी की राशि का दो-तिहाई भाग आई.आर.डी.ए. द्वारा निर्दिष्ट वार्षिकी योजनाओं को खरीदने में उपयोग किया जाना चाहिए।

ऐसे में, उपर्युक्त चर्चा से यह स्पष्ट हो जाता है कि किसी भी जीवन बीमा पॉलिसी को खरीदने से पहले आपको विभिन्न कारकों को ध्यान में रखना चाहिए, ताकि भुगतान किए गए प्रीमियम की अनुमति हो और ऐसी बीमा पॉलिसी के संदर्भ में प्राप्त धन कर के दायरे में न हो। पॉलिसी खरीदने से पहले नियमों व शर्तों को पढ़ने और कराधान के पहलुओं को पूरी तरह से समझने की सलाह दी जाती है।

यूलिप का स्याह पक्ष

यूलिप में निवेश करनेवाले किसी भी निवेशक को कभी लाभ नहीं हुआ, क्योंकि बीमा कंपनी पहले उपर्युक्त शुल्क लगाती है और फिर यूनिट्स में शेष राशि को निवेश करती है। रिटर्न प्रतिशत बहुत कम है, क्योंकि वर्ष की शुरुआत में बीमा कंपनी कमीशन और शुल्कों के माध्यम से निवेशक के पैसे खा जाती है, जैसा कि पुरानी कहावत है—ईश्वर की इच्छा के आगे मनुष्य दुर्बल है!

यूलिप की कहानी ने सभी निवेशकों को निराश किया, क्योंकि यूलिप में अपनी कड़ी मेहनत का पैसा लगानेवालों ने अपने लक्ष्य को कभी पूरा नहीं किया।

बाद में आई.आर.डी.ए. ने हस्तक्षेप किया और बीमा-प्रदाता द्वारा यूलिप से शुल्क लेने संबंधी एक नीति तैयार की। इसके बावजूद आज भी यूलिप का प्रदर्शन अच्छा नहीं है।

"चूँकि विफलता और बुरी नियामक प्रणाली के चलते निवेशक की मेहनत की कमाई असुरक्षित है, इसलिए हम इसे यूलिप का स्याह पक्ष कह सकते हैं। अधिकांश निवेशकों ने झूठे वादों के झाँसे में आकर या फिर बीमा कंपनी के एजेंटों/सलाहकारों की प्रेरणा के चलते यूलिप टर्म की अवधि में अपनी मेहनत की गाढ़ी कमाई गँवा दी है।"

दि इंश्योरेंस रेगुलेटरी एंड डेवलपमेंट अथॉरिटी (आई.आर.डी.ए.) द्वारा जीवन बीमा पॉलिसियों के लिए जारी किए गए नए संशोधित दिशा-निर्देशों को उपभोक्ता संरक्षण और प्रक्रियाओं, प्रणालियों में महत्त्वपूर्ण बदलावों के साथ-साथ उत्पाद डिजाइन और प्रस्तावों में मौलिक बदलावों को ध्यान में रखकर बनाया गया है। न्यूनतम होल्डिंग अवधि 3 से बढ़ाकर 5 वर्ष कर दी गई है। यह ग्राहक लाभ पर अधिक ध्यान केंद्रित करता है, क्योंकि यूलिप ने अपने पुराने ग्राहकों को ऊपर दरशाए गए हाई फ्रंट चार्ज के कारण असंतुष्ट किया है और उन्हें वर्षों तक लगभग नकारात्मक रिटर्न ही मिला है।

आइए, हम ग्राहकों के लिए अब उपलब्ध कारकों और विकल्पों पर चर्चा करते हैं।

पारदर्शिता

बीमा कंपनी को एन.ए.वी. में बदलाव और मासिक आधार पर आय में कमी के बारे में पॉलिसीधारकों को अपडेट करना होता है, जो 5 वर्ष की अवधि के लिए 4 प्रतिशत और 10 वर्ष की अवधि के लिए 3 प्रतिशत है। इस जानकारी के आधार पर पॉलिसीधारक एक फंड से दूसरे में स्विच करने पर

विचार कर सकता है, जहाँ उसे अधिक रिटर्न मिलेगा।

"पारदर्शिता लाने के क्रम में नियामक ने सुनिश्चित किया है कि सभी बीमा उत्पाद भावी पॉलिसीधारक को सभी उत्पादों के लिए क्रमश: 4 प्रतिशत और 8 प्रतिशत के सकल निवेश रिटर्न पर गारंटीकृत एवं गैर-गारंटीकृत लाभों पर एक अनुकूलित लाभ चित्रण प्रदान करें। वर्तमान में, यह केवल यूलिप के लिए अनिवार्य है। इस लाभ चित्रण पर उपभोक्ता और एजेंट द्वारा पॉलिसी अनुबंध के एक भाग के रूप में हस्ताक्षर किए जाने चाहिए। इससे पॉलिसीधारकों को उन लाभों का संकेत मिलेगा, जिनकी वे न केवल परिपक्वता पर, बल्कि पॉलिसी अवधि के हर वर्ष भी उम्मीद कर सकते हैं।"*** वी. विश्वानंद द्वारा दिनांक 06.12.2013

कम कमीशन

बीमा कंपनी द्वारा ग्राहक से कमीशन वसूलने की प्रक्रिया को लेकर कोई परिभाषित रूपरेखा नहीं थी। जैसा कि ऊपर उल्लेख किया गया है, दो प्रमुख बीमा कंपनियों द्वारा लिये जानेवाले शुल्क बहुत भिन्न होते हैं और वे पृथक्, लेकिन समान उत्पादों के लिए अलग-अलग कमीशन लेते हैं। संशोधित दिशा-निर्देशों में अब ग्राहक को ध्यान में रखा गया है और प्राप्त प्रीमियम पर कमीशन के चार्ज करने के लिए एक संरचना तैयार की है। प्रीमियम पॉलिसी पर पहले वर्ष में 15 प्रतिशत, दूसरे वर्ष में 7.5 प्रतिशत और तीसरे वर्ष से 5 प्रतिशत कमीशन स्वीकृत होगा।

"जीवन बीमा व्यवसाय की दीर्घकालिक प्रकृति पर फिर से जोर देने के लिए दिशा-निर्देशों ने पॉलिसी की शर्तों के लिए एजेंटों के मुआवजे को भी सह-संबद्ध किया है। 12 वर्ष या उससे अधिक की पॉलिसी अवधि वाले पारंपरिक उत्पादों की तुलना में अब अल्पकालिक पॉलिसी पर कम कमीशन होगा। नियमित प्रीमियम वाली बीमा पॉलिसियों के मामले में 5 वर्ष के प्रीमियम भुगतान अवधि (पी.पी.टी.) वाली पॉलिसी पहले वर्ष में कमीशन को 15 प्रतिशत, दूसरे व तीसरे वर्ष में 7.5 प्रतिशत और बाद में 5 प्रतिशत

तक सीमित कर देगी। 12 वर्ष या उससे अधिक के पी.पी.टी. वाले उत्पादों के मामले में अगर कंपनी को व्यवसाय में उतरे 10 वर्ष से अधिक का समय हो चुका है तो पहले वर्ष में 35 प्रतिशत तक कमीशन होगा और 10 वर्ष से कम समय वाली कंपनी के लिए यह 40 प्रतिशत है। यह बिचौलियों को लंबी अवधि के जीवन बीमा उत्पादों को बेचने के लिए प्रोत्साहित करेगी, ताकि अनुशासित बचतकर्ताओं को आश्चर्यजनक लाभ प्राप्त हो सके।"***

अब यह स्पष्ट हो चुका है कि अगर आपने ऑनलाइन कोई ऐसी पॉलिसी बुक की है, जिसमें कोई एजेंट शामिल नहीं है तो कमीशन शुल्क तो कम लगेगा ही, इसके अलावा इससे उपभोक्ता को लाभ भी होना तय है।

अधिनियमों, 2016 और नए कानूनों ने 1 अप्रैल से बीमा क्षेत्र में एजेंटों एवं बिचौलियों को मिलनेवाले समग्र भुगतान में वृद्धि कर दी है। एक तरफ जहाँ एजेंटों एवं बिचौलियों के लिए प्रथम वर्ष के कमीशन को 35 से 40 प्रतिशत पर बरकरार रखा गया है, रिनुअल कमीशन को 7.5 प्रतिशत प्रतिवर्ष तक बढ़ा दिया गया है। इसकी तुलना म्यूचुअल फंड से करें तो यहाँ पर भारी मुनाफा है। म्यूचुअल फंड डिस्ट्रीब्यूटर्स को इक्विटी स्कीम में पहले वर्ष के लिए 1.5–2.5 प्रतिशत कमीशन मिलता है। दूसरी ओर, एक्सचेंज ट्रेडेड फंड (ई.टी.एफ.) में मात्र 0.5–1 प्रतिशत कमीशन लिया जाता है।

सरकार को इस भारी अंतर पर अंकुश लगाने के लिए सेबी (SEBI) और भारतीय बीमा विनियामक और विकास प्राधिकरण (आई.आर.डी.ए.आई.) के बीच हस्तक्षेप करना चाहिए। वास्तविक समस्या यूनिट लिंक्ड इंश्योरेंस प्लान (ULIP) के रूप में उपलब्ध बंडल उत्पादों के साथ है। आई.आर. डी.ए.आई. को इन उत्पादों को बाजार से पूरी तरह से हटा देना चाहिए, क्योंकि एजेंट और बिचौलिए झाँसा देकर इन उत्पादों को भोले-भाले उपभोक्ताओं को बेच देते हैं। निवेशकों को ऐसे अनावश्यक उत्पादों (यूलिप्स) से खुद को बचाना चाहिए और केवल वहीं निवेश करना चाहिए, जहाँ वे सबकुछ अच्छे से समझने में सक्षम हों।

निवेशकों के लिए सुझाव

- अपनी आवश्यकता के अनुसार पर्याप्त अवधि की पॉलिसी लें।
- आप यूलिप में जो कुछ निवेश करना चाहते हैं, उसे म्यूचुअल फंड इकाइयों में निवेश करें।

संदर्भ

1. *स्रोत : http://www.hdfclife.com/insurance-knowledge-centre/about-life-insurance/what-is-ulip-plans/02.03.2015
2. ** स्रोत : http://www.idbifederal.com/TaxBenefits/Pages/Insurance-Policy—प्रतिशत E2 प्रतिशत 80 प्रतिशत 93–Sec–10 प्रतिशत 2810D प्रतिशत 29.aspx
3. ***वी. विश्वानंद के 06.12.2013 को प्रकाशित लेख। लिंक पृष्ठ का स्रोत http://articles.economictimes.indiatimes.com/2013-12-06/news/44864278_1_surrender-value-life-insurance-insurance-regulatory

□

7

निवेश, मूल्यांकन और पुनर्निवेश

"निवेश की एक छोटी राशि आपके सपनों को पूरा करती है;
किसी को कल्पना करके उसे हासिल करना चाहिए।"

निवेश, मूल्यांकन और पुनर्निवेश

आपका निवेश आपके लक्ष्यों, उद्देश्यों और जोखिम सहने की क्षमता पर आधारित होना चाहिए। एक बार जब वित्तीय योजना बना लेने के बाद निवेश के साधनों के पक्ष–विपक्ष—दोनों का बेहतर मूल्यांकन करें। आपको यह सुनिश्चित करना होगा कि वे कर–कुशल हों। आपको याद रखना चाहिए कि समय के साथ आपकी बचत का मूल्य समाप्त होता जाएगा। एक कर–कुशल और इक्विटी उत्पाद चुनें, जो समय के साथ मुद्रास्फीति को मात देते हुए अधिक रिटर्न उत्पन्न करे। आप जितना जल्दी निवेश करना प्रारंभ करेंगे, उतनी ही जल्दी आप अपने भविष्य के लिए बड़ा कोष तैयार करने में सक्षम होंगे।

निवेश करते समय एक विश्लेषणात्मक अध्ययन करें और समय के साथ रिटर्न के विभिन्न स्तरों का अध्ययन करने के लिए विभिन्न परिसंपत्ति वर्गों में निवेश करें।

पोर्टफोलियो की क्रमागत उन्नति के लिए मानदंड

आमतौर पर निवेशक किसी निवेश के जोखिम और प्रतिफल का मूल्यांकन करने को लेकर उलझन में रहते हैं। जोखिम और प्रतिफल को बेहतर तरीके से जानने के लिए आवश्यक है कि एक निवेशक पोर्टफोलियो का मूल्यांकन करे। अब सवाल यह उठता है कि पोर्टफोलियो/निवेश उत्पादों के मूल्यांकन के लिए प्रासंगिक मानदंड क्या हैं? दूसरी ओर, किसी भी उत्पाद/साधनों में निवेश करने से पहले आपको उस निवेश के पक्ष–विपक्ष के

बारे में पूरी जानकारी होनी चाहिए। किसी पोर्टफोलियो का मूल्यांकन करने के लिए निम्नलिखित मानदंडों की जाँच करनी चाहिए—

- निवेश पर प्रतिफल
- जोखिम
- चल निधि
- निवेश उत्पाद की कर दर।

समय-समय पर पोर्टफोलियो की समीक्षा करें–

आप म्यूचुअल फंड के प्रदर्शन का मूल्यांकन एन.ए.वी., पोर्टफोलियो टर्नओवर, जोखिम और वार्षिक या अर्धवार्षिक रिटर्न जैसे मापदंडों के आधार पर कर सकते हैं। लाभ को समय-समय पर बुक करना या जब फंड बैंक फिक्स्ड डिपॉजिट रेट से अधिक होता है तो मौजूदा महँगाई दर से अधिक होने पर इक्विटी फंड को लिक्विड/डेब्ट फंड में हस्तांतरित करना भी उचित है। शेयरों का निवेश आपके जीवनकाल के दौरान आपको 5 गुना सकारात्मक रिटर्न और 50 गुना नकारात्मक रिटर्न दे सकता है। यह सिर्फ फायदे का ही सौदा नहीं है।

यदि आप बाजार की वास्तविक प्रवृत्ति को जानते और समझते हैं तो ही आप इस अस्थिर बाजार में जीत सकते हैं, अन्यथा नहीं। सट्टेबाजी का प्रभाव, जनसांख्यिकीय कारक, सूक्ष्म कारक, स्थूल कारक, मुद्रा का उतार-चढ़ाव और राजनीतिक स्थिरता भी पूँजी बाजार में महत्त्वपूर्ण भूमिका निभाते हैं।

इसके अलावा, इक्विटी म्यूचुअल फंड की समीक्षा करते समय मानक विचलन, बीटा एवं अल्फा और शार्प, ट्रेयनर, सॉर्टिनो और कंसन्ट्रेशन रेशियो जैसे संकेतकों पर विचार करना महत्त्वपूर्ण है।

सही समय पर अपने पोर्टफोलियो को पुनः संतुलित करें और छिपे हुए जोखिमों को बारीकी से तलाशें। लैगार्ड को पहचानें; मूल्यांकन करें कि आपके पोर्टफोलियो में अलग-अलग फंड/शेयर/इंस्ट्रूमेंट्स ने अपने अन्य

साथियों के मुकाबले कैसा प्रदर्शन किया है। यदि कोई फंड खराब प्रदर्शन कर रहा है तो छह महीने तक उसके प्रदर्शन पर नजर रखें और अगर उसके बाद भी उसका प्रदर्शन अन्यों के मुकाबले पिछड़ा हुआ रहता है तो उसे बदल दें। आप अपने पोर्टफोलियो में जितनी अधिक विविधता लाते हैं, उसे अर्थव्यवस्था की मंदी और बाजारों की अस्थिरता से उतने ही बेहतर तरीके से बचाने में आप सफल रहेंगे।

आप अपने लक्ष्यों को कैसे प्राप्त कर सकते हैं?

व्यक्ति को अपने जीवन की जरूरतों और आवश्यकताओं की खोज करनी होती है। कोई भी व्यक्ति इनकी कल्पना करते हुए इन लक्ष्यों को प्राप्त करने के लिए योजना बना सकता है। कोई भी अपने वांछित लक्ष्य की पूर्ति के लिए अपने पास मौजूद अधिशेष धन का निवेश कर सकता है। कोई भी व्यक्ति बच्चे की उच्च शिक्षा, घर तथा दूसरी मूल्यवान् संपत्ति खरीदना और सेवानिवृत्ति के बाद की योजना जैसे अपने वित्तीय लक्ष्यों को पूरा करने के लिए एक सार्थक योजना बना सकता है।

दृढ़ निश्चय एवं आत्म-अनुशासन, ईमानदारी से प्रयास और व्यवस्थित योजना आपके वित्तीय नियोजन में महत्त्वपूर्ण भूमिका निभाते हैं। ये कारक किसी के भी सपनों को हकीकत में बदल सकते हैं। यदि आपकी योजना मजबूत और सार्थक है, तभी आप अपने अस्तित्व को बचा सकते हैं।

आइए, ऐसे लक्ष्यों के कुछ उदाहरणों पर नजर डालें—

- 10 वर्ष बाद घर की खरीद
- 15 वर्ष बाद बच्चों के लिए उच्च शिक्षा खर्च और
- 20 वर्ष बाद बेटे या बेटी की शादी।

एक अवधि में लक्ष्य और धन की आवश्यकता का विवरण निम्नानुसार है—

तालिका-24

जरूरत	वर्तमान लागत (रु.)	10 वर्ष बाद (रु.)	15 वर्ष बाद (रु.)	20 वर्ष बाद (रु.)
10 वर्ष बाद घर/ फ्लैट की खरीद	50,00,000	75,00,000	87,50,000	1,00,00,000
15 वर्ष बाद बच्चों के लिए उच्च शिक्षा खर्च			25,00,000	
20 वर्ष बाद बेटे या बेटी की शादी				50,00,000
योग		**75,00,000**	**1,12,50,000**	**1,50,00,000**

मान लेते हैं कि एक परिवार 10 वर्ष बाद 75,00,000 रुपए में एक घर खरीदेगा, 15 वर्ष बाद अपने बच्चों की उच्च शिक्षा पर 25,00,000 रुपए चुकाएगा और 20 वर्ष बाद 50,00,000 रुपए खर्च कर अपनी बेटी की शादी करेगा। उस समय कुल 1,50,00,000 रुपए (1 करोड़ 50 लाख) की राशि की आवश्यकता होगी।

अगर 12 अप्रैल, 2017 को घर की मौजूदा कीमत 50 लाख रुपए है तो प्रतिवर्ष के 5 प्रतिशत के मुद्रा कारक को ध्यान में रखते हुए 10 वर्ष बाद उस घर की कीमत 75 लाख रुपए हो जाएगी। निवेशक को मानना है कि 15 वर्ष बाद उसे अपने बच्चों की उच्च शिक्षा के लिए 25,00,000 रुपए (25 लाख) की आवश्यकता होगी। लक्ष्य एवं समय-सीमा अब हमारे सामने है और हम तालिका-1 में प्रस्तुत किए गए उदाहरण के अनुसार प्रतिमाह 35,000 रुपए की बचत कर वांछित रिटर्न को पा सकते हैं।

तालिका-25

विवरण	निवेश प्रतिमाह (रु.)	10 वर्ष बाद (रु.)	15 वर्ष बाद (रु.)	20 वर्ष बाद (रु.)	टिप्पणियाँ
15 वर्षीय पी.पी.एफ. (8 प्रतिशत)**	8,000		27,19,556		पूर्णत: सुरक्षित निवेश। कोई जोखिम नहीं।
म्यूचुअल फंड में एस.आई. पी. (लार्ज कैप फंड/ विविधीकरण) 20 वर्षों के लिए	5,500			50,64,567	12 प्रतिशत रिटर्न मान लें। मध्यम जोखिम।
म्यूचुअल फंड (मल्टी कैप, मीडियम एंड स्मॉल कैप फंड) में एस.आई.पी. और शेयर	18,000	47,17,645	1,10,31,368		14 प्रतिशत रिटर्न और उच्च जोखिम मान लें।
गोल्ड/गोल्ड ई.टी.एफ./ई-गोल्ड/गोल्ड फंड में निवेश	3,500	6,44,579	12,19,208		8 प्रतिशत शुद्ध रिटर्न (कर के बाद) उच्च जोखिम मान लें।
योग	**35,000**	**53,62,224**	**1,49,70,132**		

*** ब्याज दर 8 प्रतिशत वार्षिक की दर से ली गई है; जबकि 1 अप्रैल, 2013 के बाद से यह 8.70 प्रतिशत की दर से प्रभावी थी। सरकार इसे आमतौर पर वार्षिक आधार पर बदलती है। लेकिन 1 अप्रैल, 2016 से प्रभावी ब्याज दर को सरकार द्वारा समान रूप से अन्य छोटी बचत योजनाओं के साथ तिमाही आधार पर घोषित किया गया है। ब्याज वार्षिक आधार पर जमा किया जाएगा। सरकार ने वित्त वर्ष 2017-18 की पहली तिमाही के लिए पी.पी.एफ. की ब्याज दर 7.90 प्रतिशत प्रतिवर्ष घोषित की।*

उपर्युक्त विश्लेषण के मद्देनजर यह स्पष्ट है कि कोई भी व्यक्ति पी.पी.एफ. और लार्ज कैप म्यूचुअल फंड में निवेश करके 15 वर्ष एवं 20 वर्ष (उच्च शिक्षा खर्च और बच्चे की शादी का खर्च) की अवधि के अपने दोनों लक्ष्यों को प्राप्त कर सकता है। कोई भी उच्च जोखिमवाले शेयरों, म्यूचुअल फंड्स में 18,000 रुपए प्रतिमाह और सोना/गोल्ड ई.टी.एफ./गोल्ड फंड में प्रतिमाह 3,500 रुपए का निवेश करके 10 वर्ष के बजाय 15 वर्ष में घर/फ्लैट खरीद सकता है।

दूसरी ओर, वह 21,37,776 रुपए (75,00,000 रुपए - 53,62,224 रुपए) का ऋण लेकर 10 वर्ष बाद एक घर खरीद सकता है और गृह ऋण के ब्याज एवं ऋण के मूल धन की अदायगी पर प्राप्त आय कर छूट का लाभ भी उठा सकता है।

हर किसी को सलाह दी जाती है कि वह अपने किसी विशिष्ट लक्ष्य को प्राप्त करने के लिए जोखिम-मुक्त साधनों में निवेश करे। किसी लक्ष्य के पूरा न हो पाने की स्थिति में व्यक्ति शांति और खुशहाली नहीं पा सकता। चाहे व्यापारी हो या फिर नौकरीपेशा, कलाकार, पेशेवर या फिर एक छात्र, किसी को भी एक संतोषजनक जीवन जीने के लिए अपने जीवन के लक्ष्य को प्राप्त करना चाहिए।

विविध प्रतिभूतियों में निवेश करने का अवसर प्रदान करने के चलते म्यूचुअल फंड्स आम आदमी के लिए सबसे उपयुक्त निवेश विकल्प हैं, क्योंकि इन्हें फंड हाउस द्वारा तुलनात्मक रूप से कम लागत पर प्रबंधित किया जाता है। म्यूचुअल फंड्स, फंड की लार्ज कैप फंड्स, मल्टी कैप फंड्स, मिड कैप फंड्स, हाइब्रिड फंड्स और डेब्ट म्यूचुअल फंड्स जैसी श्रेणियों के अस्तित्व के चलते किसी भी निवेशक को विभिन्न श्रेणियों में एक अच्छे पोर्टफोलियो का मिश्रण बनाने में मदद करते हैं।

आप सिर्फ इक्विटी म्यूचुअल फंड्स में निवेश करके प्रतिवर्ष 12 से 14 प्रतिशत रिटर्न प्राप्त कर सकते हैं। सारा ध्यान लार्ज कैप, मल्टी कैप और डायवर्सिफाइड इक्विटी फंड्स पर होना चाहिए।

आइए, हम इक्विटी म्यूचुअल फंड के पक्ष और विपक्ष का विश्लेषण करें।

बिरला सन लाइफ फ्रंटलाइन इक्विटी-ग्रोथ फंड का विश्लेषणात्मक विश्लेषण

अगस्त 2002 में शुरू किया गया बिरला सन लाइफ फ्रंटलाइन इक्विटी फंड विविध लार्ज कैप श्रेणी में वर्गीकृत की गई एक ओपन एंडेड ग्रोथ स्कीम है। फंड का लक्ष्य दीर्घावधि पूँजी वृद्धि को उत्पन्न करना है। यह एक विविध पोर्टफोलियो है, जो लार्ज कैप के लिए बायस के साथ, एस. एंड पी. बी.एस.ई. 200 इंडेक्स के अनुरूप क्षेत्रों में निवेश करता है। फंड का बेंचमार्क इंडेक्स एस. एंड पी. बी.एस.ई. 200 है। यह लार्ज कैप ग्रोथ स्टॉक पर केंद्रित निवेश शैली का पालन करता है।

फंड ने अपने एक्सपोजर को बड़े आकार की कंपनियों के लिए केंद्रित किया है, जिसे खुदरा निवेशक के पोर्टफोलियो में एक अच्छे संकलन के रूप में प्रदर्शन करना चाहिए।

मार्च 2007 से मार्च 2017 तक फंड प्रदर्शन बनाम एस. एंड पी. बी.एस.ई.-200

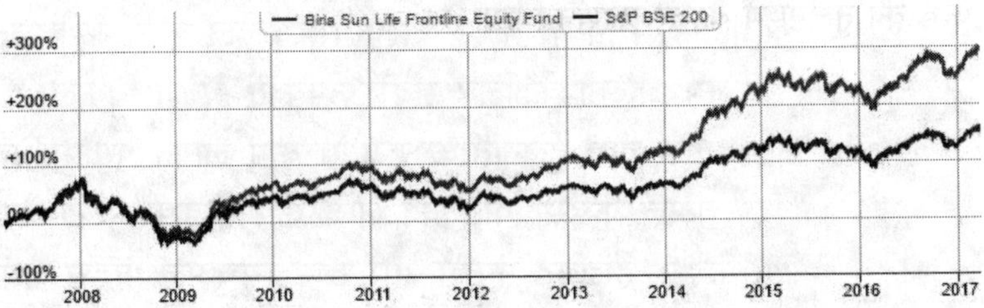

चित्र-15 : बिरला सन लाइफ फ्रंटलाइन इक्विटी अपने बेंचमार्क इंडेक्स बी.एस.ई.-200 के मुकाबले 10 वर्षों में निरंतर रिटर्न देता रहा है।

स्रोत : वैल्यू रिसर्च

बीते 10 वर्षों में गिरते बाजारों के दौर के बीच भी फंड ने लगातार अच्छा प्रदर्शन किया है। बेंचमार्क के 9.61 प्रतिशत की तुलना में इसके 10 वर्ष के वार्षिक रिटर्न 15.15 प्रतिशत थे। जितना अधिक बेहतर प्रदर्शन, उतनी बेहतर स्थिरता और बिरला सन लाइफ फ्रंटलाइन इक्विटी फंड पर पिछले 10 वर्षों (20 मार्च, 2017 को) की रिटर्न एक सुसंगत प्रदर्शन का बेहतरीन उदाहरण है।

पिछले 3 वर्ष और 5 वर्ष की अवधि में योजना ने क्रमश: 19.73 प्रतिशत एवं 18.23 प्रतिशत रिटर्न प्रस्तुत किया है, जबकि इसके बेंचमार्क इंडेक्स बी.एस.ई. 200 ने इसी दौरान क्रमश: 15.40 प्रतिशत एवं 13 प्रतिशत रिटर्न प्रस्तुत किया और निफ्टी 50 ने 20 मार्च, 2017 तक क्रमश: 12.10 प्रतिशत एवं 11.60 प्रतिशत रिटर्न की पेशकश की है।

यह निवेश के लिए उचित मूल्य पर विकास का अनुगमन करता है। कंपनी कॉरपोरेट प्रशासन और आकर्षक मूल्यांकन पर विशेष ध्यान देने के साथ उद्योग में एक विशिष्ट प्रतिस्पर्धी बढ़त रखती है। पिछले 10 वर्षों में फंड ने अपने तमाम साथियों को पीछे छोड़ दिया है।

फंड ने इस अवधि के दौरान अपने अन्य साथियों कोटक 50, कोटक क्लासिक इक्विटी—रेगुलर प्लान और डी.एच.एफ.एल. प्रामेरिका लार्ज कैप फंड की तुलना में बेहतर प्रदर्शन किया है।

तालिका-26

लार्ज कैप फंड्स	रिटर्न (प्रतिशत में)			
	1 वर्ष	3 वर्ष	5 वर्ष	10 वर्ष
बिरला सन लाइफ फ्रंटलाइन इक्विटी फंड	**26.42**	**19.73**	**18.23**	**15.15**
कोटक 50	22.50	18.08	15.19	12.23
कोटक क्लासिक इक्विटी रेगुलर प्लान	25.37	16.19	14.50	11.49
डी.एच.एफ.एल. प्रामेरिका लार्ज कैप फंड	19.25	17.45	15.39	11.69
एच.डी.एफ.सी. टॉप 200	32.00	18.10	14.70	14.16
बी.एस.ई. 200	**22.50**	**15.40**	**13.00**	**9.61**
निफ्टी 50	18.50	12.10	11.60	8.95

तीन, पाँच और दस वर्ष की रिटर्न के आधार पर फंड ने अपने बेंचमार्क को वार्षिक आधार पर 4 प्रतिशत से अधिक अंक से पीछे छोड़ा है। फंड ने लार्ज कैप में 85 प्रतिशत और मिडकैप में 10-20 प्रतिशत का निवेश किया है। फंड के कोर पोर्टफोलियो में दीर्घकालिक होल्डिंग्स का बना होता है। फंड ने अपने बेंचमार्क इंडेक्स की सीमा के भीतर क्षेत्रीय वजन बनाए रखा है। क्षेत्र के पाँच शीर्ष होल्डिंग प्रतिशत रखनेवालों में सूचना एवं प्रौद्योगिकी, बैंकिंग एवं वित्तीय, ऊर्जा और एफ.एम.सी.जी. क्षेत्र शामिल हैं।

दूसरी ओर, शीर्ष 10 सेक्टर वेटेज आवंटन प्रतिशत इस प्रकार हैं—

तालिका-27

शीर्ष 10 सेक्टर वेट (प्रतिशत)		कंपनी
बैंकिंग और वित्तीय	30.53	एच.डी.एफ.सी., आई.सी.आई.सी.आई. बैंक, कोटक महिंद्रा बैंक, एच.डी.एफ.सी. बैंक, एस.बी.आई., यस बैंक, फेडरल बैंक और इंडसइंड बैंक।
ऊर्जा	13.75	आर.आई.एल., एन.टी.पी.सी., पावर ग्रिड कॉरपोरेशन और इंडियन ऑयल कॉरपोरेशन।
ऑटोमोबाइल	9.38	मारुति सुजुकी, टाटा मोटर्स और महिंद्रा एंड महिंद्रा
सूचना व प्रौद्योगिकी	9.02	इन्फोसिस, एच.सी.एल. टेक और टेक महिंद्रा
स्वास्थ्य सेवा	8.35	सन फार्मा और अरबिंदो फार्मा
एफ.एम.सी.जी.	8.09	आई.टी.सी. और हिंदुस्तान यूनिलीवर
विविध	4.02	एल.एंड टी. और ग्रासिम इंडस्ट्रीज
इंजीनियरिंग एवं कैपिटल गुड्स	2.64	कमिंस और अन्य
उपभोक्ता वस्तुएँ	2.38	कॉम्पटन ग्रीव्स और अन्य
धातु और खनन	2.35	कोल इंडिया और अन्य

स्रोत : मनी कंट्रोल और वैल्यू रिसर्च

निरंतर बने रहनेवाले स्टॉक में 4.50 प्रतिशत के औसत एक्सपोजर के साथ इन्फोसिस के बाद एच.डी.एफ.सी. बैंक (4.33 प्रतिशत), आई.सी. आई.सी.आई. बैंक (4.29 प्रतिशत), आर.आई.एल. (4.12 प्रतिशत) और आई.टी.सी. (3.75 प्रतिशत) शामिल हैं।

फंड केंद्रित सेक्टर वेट के माध्यम से अल्फा उत्पन्न करने की रणनीति का प्रयोग करता है। इसने हमेशा बेंचमार्क इंडेक्स के अंतर्गत शुद्ध लार्ज कैप शेयरों की होल्डिंग बनाए रखी है। इस फंड का 5 वर्ष और 10 वर्ष का एस.आई.पी. रिटर्न क्रमशः 17.32 प्रतिशत एवं 15.19 प्रतिशत रहा है। एक स्थिर प्रबंधन टीम द्वारा समर्थित होने के चलते यह लार्ज कैप की श्रेणी में एक शीर्ष विकल्प है।

कोटक 50 लार्ज कैप फंड, जो बाजार पूँजीकरण के जरिए शीर्ष 50 शेयरों में अपने पोर्टफोलियो के करीब 80 प्रतिशत का निवेश करता है, ने भी पिछले 5 वर्षों में उत्साहजनक प्रदर्शन किया है। इसके अलावा, पिछले 3 वर्ष और 5 वर्ष की अवधि में कोटक 50 ने 20 मार्च, 2017 तक क्रमशः 18.08 प्रतिशत एवं 15.19 प्रतिशत रिटर्न की पेशकश की है, जबकि इसके बेंचमार्क इंडेक्स निफ्टी 50 ने क्रमशः 12.10 प्रतिशत एवं 11.60 प्रतिशत रिटर्न की पेशकश की। इसके अलावा, यह उचित मूल्य पर विकास का भी अनुसरण करता है।

इक्विटी फंड्स में हाइब्रिड/डायवर्सिफाइड फंड्स की तुलना में कैपिटल लॉस का अधिक जोखिम होता है। कोई भी निवेशक एक म्यूचुअल फंड में एक निश्चित राशि को एक एस.आई.पी. के माध्यम से नियमित रूप से निवेश कर सकता है। यह आवृत्ति दैनिक, पाक्षिक, मासिक और त्रैमासिक हो सकती है।

प्रत्येक फैसले के कुछ उद्देश्य और लक्ष्य होते हैं। उदाहरण के लिए, प्रति माह 5,000 रुपए के निवेश पर रिटर्न की दर 14 प्रतिशत प्रतिवर्ष मानते हुए 180 महीने के बाद 30,60,000 रुपए प्राप्त कर सकते हैं। 180 महीनों के बाद उपर्युक्त राशि आपके बच्चे के उच्च शिक्षा व्यय को कवर करने में मदद कर सकती है।

बिरला सन लाइफ फ्रंटलाइन इक्विटी ग्रोथ फंड का जोखिम विश्लेषण

जोखिम के बावजूद निवेशक आमतौर पर केवल फंड के रिटर्न पर ध्यान केंद्रित करते हैं; हालाँकि निवेश के जोखिम पहलू पर विचार करना बहुत महत्त्वपूर्ण है, क्योंकि जोखिम और रिटर्न एक ही सिक्के के दो पहलू हैं।

म्यूचुअल फंड में जोखिम को मापने के लिए लोकप्रिय अनुपात—

1. मानक विचलन
2. बीटा
3. अल्फा।

म्यूचुअल फंड के प्रदर्शन, जोखिम और रिटर्न का मूल्यांकन करने के लिए उपर्युक्त अनुपात का उपयोग किया जा सकता है।

मानक विचलन

मानक विचलन किसी भी फंड के कुल जोखिम का एक पैमाना है। किसी फंड का मानक विचलन उस मात्रा को मापता है, जिस अवधि के लिए किसी फंड के लिए उसके औसत रिटर्न के संबंध में फंड में उतार-चढ़ाव होता है। उच्च मानक विचलन उच्च अस्थिरता का द्योतक होता है। किसी फंड में 28 फरवरी, 2017 तक 14.79 प्रतिशत का मानक विचलन है, जिसका अर्थ है कि इसकी प्रवृत्ति अपनी श्रेणी औसत रिटर्न से 14.79 प्रतिशत भटकने की है।

बीटा

बीटा पूरे बाजार के मुकाबले पोर्टफोलियो की अस्थिरता या व्यवस्थित जोखिम का एक पैमाना है। यह गैर-विविध या व्यवस्थित जोखिम का एक सांख्यिकीय उपाय है, जो दिखाता है कि एक फंड बाजार की ताकतों की चाल के प्रति कितना संवेदनशील है। समस्त बाजार के लिए बीटा 1 के बराबर है। इक्विटी फंड में बीटा वैल्यू हो सकती हैं, जो एक से कम या एक से अधिक अथवा एक के बराबर हो सकते हैं। वे सकारात्मक या नकारात्मक हो सकते हैं।

मूल रूप से बीटा जोखिम को कम करने और रिटर्न को अधिकतम करने के बीच मौलिक अदला-बदली को व्यक्त करता है। 1 बीटावाला एक फंड ऐतिहासिक रूप से उसी दिशा में आगे बढ़ेगा, जिस दिशा में बाजार बढ़ेगा। 1 से ऊपर का बीटा समग्र बाजार की तुलना में अधिक अस्थिर है, जबकि 1 से नीचे का बीटा कम अस्थिर है। यह फंड बीटा 31 मार्च, 2017 के अनुसार 1.01 है, जिसका अर्थ है कि यह समग्र बाजार की तुलना में मामूली रूप से अधिक अस्थिर है। यदि अगले वर्ष सेंसेक्स में 10 प्रतिशत की दर से वापसी की उम्मीद है, उदाहरण के लिए, 1.01* के बीटावाले फंड से उसी अवधि में लगभग 10.10 प्रतिशत (1.01*10) प्रतिफल की वृद्धि की उम्मीद की जाएगी।

अल्फा

अल्फा एक फंड पोर्टफोलियो की अस्थिरता (कीमत जोखिम) को लेकर इसके जोखिम-समायोजित प्रदर्शन की तुलना बेंचमार्क इंडेक्स से करता है, इसलिए बेंचमार्क इंडेक्स के रिटर्न की तुलना में 'अल्फा' किसी निवेश से मिलनेवाली अतिरिक्त रिटर्न है।

एक सकारात्मक अल्फा का मतलब है कि फंड ने अपने बेंचमार्क इंडेक्स को मात दे दी है। दूसरी ओर, एक नकारात्मक अल्फा का मतलब है कि बेंचमार्क इंडेक्स की तुलना में फंड का प्रदर्शन कमजोर रहा है। बिरला सन लाइफ फ्रंटलाइन इक्विटी ग्रोथ फंड-नियमित योजना में 31 मार्च, 2017 को अल्फा 7.48* था। इसका अर्थ यह है कि फंड ने अपने बेंचमार्क इंडेक्स बी.एस.ई.-200 की तुलना में 7.48 प्रतिशत अधिक कमाई की है।

प्रदर्शन के ये सभी पैमाने आपको अपने निवेश से संबंधित जोखिम और प्रतिफल के कारकों को जानने में मदद देते हैं। आप म्यूचुअल फंड का चयन करते समय केंद्रीकरण प्रतिशत का आकलन कर सकते हैं, क्योंकि शीर्ष होल्डिंग प्रतिशत दिखाते हैं कि फंड अल्पावधि और दीर्घावधि कैसा प्रदर्शन करेगा।

---

* स्रोत : वैल्यू रिसर्च

म्यूचुअल फंड निवेश में सावधानियाँ

विशेषज्ञ पहली बार निवेश कर रहे नए निवेशकों को बैलेंस फंड और लार्ज कैप इक्विटी में निवेश करने की सलाह देते हैं। आपको वितरक के प्रत्येक महीने में 1 प्रतिशत कर-मुक्त लाभांश के भुगतान के वादों के बारे में सतर्क रहना चाहिए। आपको हर महीने 1 प्रतिशत लाभांश मिल सकता है; लेकिन अगर एक वर्ष में फंड के भाव में 12 प्रतिशत की वृद्धि नहीं हुई है तो फंड हाउस अपने संचित भंडार से लाभांश का भुगतान करेगा, जो सीधे एन.ए.वी. पर असर डालता है।

पिछले कुछ वर्षों में शेष राशि के मासिक लाभांश वितरण को देखकर आप आश्चर्यचकित नहीं होंगे। इसके पीछे की वास्तविक रणनीति को अच्छे से जानने का प्रयास करें। निम्नलिखित फंड मासिक आधार पर 8 से 12 प्रतिशत वार्षिक की कर-मुक्त आय वितरित करने में सक्षम हैं, जो एफ.डी. आर. और अन्य ऋण उत्पादों की तुलना में बहुत अधिक है—

- एच.डी.एफ.सी. प्रुडेंस फंड
- आई.सी.आई.सी.आई. प्रू बैलेंस फंड
- कोटक बैलेंस फंड
- टाटा बैलेंस फंड
- डी.एस.पी.बी.आर. बैलेंस फंड
- एल. एंड टी. इंडिया प्रुडेंस फंड।

बैलेंस फंड इक्विटी में 65 प्रतिशत से अधिक का निवेश करने के चलते उन्हें टैक्स के दृष्टिकोण से इक्विटी फंड माना जाता है। साथ ही, निवेशकों को घोषित लाभांश और भुगतान कर-मुक्त है। ब्याज दरों में गिरावट के समय सावधि जमा पर इन फंडों से अधिक आय नहीं हो सकती है, हालाँकि निवेशक एक चढ़ते हुए शेयर बाजार में बैलेंस फंड पर अधिक आय पा सकते हैं।

यहाँ पर इस बात का उल्लेख करना महत्त्वपूर्ण है कि इन लाभांशों का भुगतान जारी रखा जाएगा, क्योंकि बाजार की कार्य-प्रणाली किसी भी समय

पर बदल सकती है। बाजार के नीचे जाने पर फंड मैनेजर सिक्योरिटीज को घाटे में नहीं बेचेंगे। फंड ऐसे समय में पूँजीगत लाभ नहीं कमा पाएगा, जिसके फलस्वरूप वह लाभांश का वितरण करने में सक्षम नहीं होगा।

"सही तरीके से, सही समय पर और सही उत्पाद में उचित योजना और अनुशासित निवेश करने से ही सफलता मिलती है।"

सुझाव–

शेयरों के इंस्ट्रूमेंट और शेयरों से जुड़े कागजात में अपने पोर्टफोलियो को रीबैलेंस करते समय कर की लागत और निकास भार को मत भूलना।

□

अनुलग्नक-ए

मासिक खर्च और आवश्यक निवेश की गणना

वर्ष	वार्षिक खर्च (रु.)	मुद्रास्फीति की दर	प्रतिवर्ष खर्च में वृद्धि (रु.)	मुद्रास्फीति के बाद वार्षिक खर्च (रु.)
1	7,08,000	4	28,320	7,36,320
2	7,36,320	4	29,453	7,65,773
3	7,65,773	4	30,631	7,96,404
4	7,96,404	4	31,856	8,28,260
5	8,28,260	4	33,130	8,61,390
6	8,61,390	4	34,456	8,95,846
7	8,95,846	4	35,834	9,31,680
8	9,31,680	4	37,267	9,68,947
9	9,68,947	4	38,758	10,07,705
10	10,07,705	4	40,308	10,48,013
11	10,48,013	4	41,921	10,89,934
12	10,89,934	4	43,597	11,33,531
13	11,33,531	4	45,341	11,78,872
14	11,78,872	4	47,155	12,26,027
15	12,26,027	4	49,041	12,75,068

15 वर्ष बाद मासिक खर्च		**1,06,256.00**
15 वर्ष बाद मासिक खर्च के लिए एफ.डी.आर. की आवश्यकता		**1,70,00,000.00**
टैक्स के बाद प्रतिवर्ष ब्याज की अनुमानित दर		7.50
अर्जित वार्षिक ब्याज		**12,75,068.00**
खर्च के लिए मासिक ब्याज का उपयोग		1,06,256.00

अनुलग्नक-बी

8.5 प्रतिशत की ब्याज दर के साथ पी.पी.एफ. खाते की गणना

वर्ष	राशि निवेश (पी)	ब्याज दर	अर्जित ब्याज (आई)	कुल राशि (रु.)
1	1,50,000.00	8.5	12,750.00	1,62,750.00
2	1,62,750.00	8.5	13,833.75	1,76,583.75
3	1,76,583.75	8.5	15,009.62	1,91,593.37
4	1,91,593.37	8.5	16,285.44	2,07,878.81
5	2,07,878.81	8.5	17,669.70	2,25,548.50
6	2,25,548.50	8.5	19,171.62	2,44,720.13
7	2,44,720.13	8.5	20,801.21	2,65,521.34
8	2,65,521.34	8.5	2,25,69.31	2,88,090.65
9	2,88,090.65	8.5	24,487.71	3,12,578.36
10	3,12,578.36	8.5	26,569.16	3,39,147.52
11	3,39,147.52	8.5	28,827.54	3,67,975.06
12	3,67,975.06	8.5	31,277.88	3,99,252.93
13	3,99,252.93	8.5	33,936.50	4,33,189.43
14	4,33,189.43	8.5	36,821.10	4,70,010.54
15	4,70,010.54	8.5	39,950.90	5,09,961.43

16	5,09,961.43	8.5	43,346.72	5,53,308.15
17	5,53,308.15	8.5	47,031.19	6,00,339.35
18	6,00,339.35	8.5	51,028.84	6,51,368.19
19	6,51,368.19	8.5	55,366.30	7,06,734.49
20	7,06,734.49	8.5	60,072.43	7,66,806.92
	योग		**6,16,806.92**	**78,73,358.90**

20 वर्षों में कुल निवेश	रु.		30,00,000.00
20 वर्ष बाद कुल रिटर्न	रु.		78,73,358.90
15 वर्ष बाद कुल रिटर्न	रु.		45,94,801.81

उपर्युक्त विश्लेषण के आधार पर यह निष्कर्ष निकलता है कि अगर कोई निवेशक वित्तीय वर्ष के प्रारंभ में सिप (SIP) जैसी किसी योजना में 1,50,000 रुपए का निवेश करता है तो उसे 15 वर्ष बाद 45,94,802 रुपए और 20 वर्ष बाद 78,73,358.90 रुपए की रकम प्राप्त होगी। प्रत्येक वर्ष अर्जित होनेवाले ब्याज के अलावा परिपक्वता राशि पर भी कोई आय कर नहीं काटा जाता है। यह आज की तारीख तक एक्जेम्प्ट एक्जेम्प्ट एक्जेम्प्ट योजना के अंतर्गत आता है।

□

अनुलग्नक-सी

20 वर्षों के लिए पी.पी.एफ. राशि का पूर्वानुमान

मासिक जमा	12,500 रुपए			12,500 रुपए	प्रति वर्ष	
ब्याज दर	8.00 प्रतिशत			8.40 प्रतिशत		
महीना	**मूलधन**	**रिटर्न**	**धनराशि**	**मूलधन**	**रिटर्न**	**धनराशि**
अप्रैल 2017	12,500	83		12,500	88	
मई	25,000	167		25,000	175	
जून	37,500	250		37,500	263	
जुलाई	50,000	333		50,000	350	
अगस्त	62,500	417		62,500	438	
सितंबर	75,000	500		75,000	525	
अक्तूबर	87,500	583		87,500	613	
नवंबर	1,00,000	667		1,00,000	700	
दिसंबर	1,12,500	750		1,12,500	788	
जनवरी 2018	1,25,000	833		1,25,000	875	
फरवरी	1,37,500	917		1,37,500	963	
मार्च (वर्ष 1)	1,50,000	1,000	1,56,500	1,50,000	1,050	1,56,825
अप्रैल 2018	1,69,000	1,127		1,69,325	1,185	
मई	1,81,500	1,210		1,81,825	1,273	
जून	1,94,000	1,293		1,94,325	1,360	
जुलाई	2,06,500	1,377		2,06,825	1,448	
अगस्त	2,19,000	1,460		2,19,325	1,535	

सितंबर	2,31,500	1,543		2,31,825	1,623	
अक्तूबर	2,44,000	1,627		2,44,325	1,710	
नवंबर	2,56,500	1,710		2,56,825	1,798	
दिसंबर	2,69,000	1,793		2,69,325	1,885	
जनवरी 2019	2,81,500	1,877		2,81,825	1,973	
फरवरी	2,94,000	1,960		2,94,325	2,060	
मार्च (वर्ष 2)	3,06,500	2,043	3,25,520	3,06,825	2,148	3,26,823
अप्रैल 2019	3,38,020	2,253		3,39,323	2,375	
मई	3,50,520	2,337		3,51,823	2,463	
जून	3,63,020	2,420		3,64,323	2,550	
जुलाई	3,75,520	2,503		3,76,823	2,638	
अगस्त	3,88,020	2,587		3,89,323	2,725	
सितंबर	4,00,520	2,670		4,01,823	2,813	
अक्तूबर	4,13,020	2,753		4,14,323	2,900	
नवंबर	4,25,520	2,837		4,26,823	2,988	
दिसंबर	4,38,020	2,920		4,39,323	3,075	
जनवरी 2020	4,50,520	3,003		4,51,823	3,163	
फरवरी	4,63,020	3,087		4,64,323	3,250	
मार्च (वर्ष 3)	4,75,520	3,170	5,08,062	4,76,823	3,338	5,11,101
अप्रैल 2020	5,20,562	3,470		5,23,601	3,665	
मई	5,33,062	3,554		5,36,101	3,753	
जून	5,45,562	3,637		5,48,601	3,840	
जुलाई	5,58,062	3,720		5,61,101	3,928	
अगस्त	5,70,562	3,804		5,73,601	4,015	
सितंबर	5,83,062	3,887		5,86,101	4,103	
अक्तूबर	5,95,562	3,970		5,98,601	4,190	
नवंबर	6,08,062	4,054		6,11,101	4,278	
दिसंबर	6,20,562	4,137		6,23,601	4,365	
जनवरी 2021	6,33,062	4,220		6,36,101	4,453	

फरवरी	6,45,562	4,304		6,48,601	4,540	
मार्च (वर्ष 4)	6,58,062	4,387	7,05,207	6,61,101	4,628	7,10,859
अप्रैल 2021	7,17,707	4,785		7,23,359	5,064	
मई	7,30,207	4,868		7,35,859	5,151	
जून	7,42,707	4,951		7,48,359	5,239	
जुलाई	7,55,207	5,035		7,60,859	5,326	
अगस्त	7,67,707	5,118		7,73,359	5,414	
सितंबर	7,80,207	5,201		7,85,859	5,501	
अक्तूबर	7,92,707	5,285		7,98,359	5,589	
नवंबर	8,05,207	5,368		8,10,859	5,676	
दिसंबर	8,17,707	5,451		8,23,359	5,764	
जनवरी 2022	8,30,207	5,535		8,35,859	5,851	
फरवरी	8,42,707	5,618		8,48,359	5,939	
मार्च (वर्ष 5)	8,55,207	5,701	9,18,123	8,60,859	6,026	9,27,396
अप्रैल 2022	9,30,623	6,204		9,39,896	6,579	
मई	9,43,123	6,287		9,52,396	6,667	
जून	9,55,623	6,371		9,64,896	6,754	
जुलाई	9,68,123	6,454		9,77,396	6,842	
अगस्त	9,80,623	6,537		9,89,896	6,929	
सितंबर	9,93,123	6,621		10,02,396	7,017	
अक्तूबर	10,05,623	6,704		10,14,896	7,104	
नवंबर	10,18,123	6,787		10,27,396	7,192	
दिसंबर	10,30,623	6,871		10,39,896	7,279	
जनवरी 2023	10,43,123	6,954		10,52,396	7,367	
फरवरी	10,55,623	7,037		10,64,896	7,454	
मार्च (वर्ष 6)	10,68,123	7,121	11,48,073	10,77,396	7,542	11,62,122
अप्रैल 2023	11,60,573	7,737		11,74,622	8,222	
मई	11,73,073	7,820		11,87,122	8,310	
जून	11,85,573	7,904		11,99,622	8,397	

जुलाई	11,98,073	7,987		12,12,122	8,485	
अगस्त	12,10,573	8,070		12,24,622	8,572	
सितंबर	12,23,073	8,154		12,37,122	8,660	
अक्तूबर	12,35,573	8,237		12,49,622	8,747	
नवंबर	12,48,073	8,320		12,62,122	8,835	
दिसंबर	12,60,573	8,404		12,74,622	8,922	
जनवरी 2024	12,73,073	8,487		12,87,122	9,010	
फरवरी	12,85,573	8,570		12,99,622	9,097	
मार्च (वर्ष 7)	12,98,073	8,654	13,96,419	13,12,122	9,185	14,16,566
अप्रैल 2024	14,08,919	9,393		14,29,066	10,003	
मई	14,21,419	9,476		14,41,566	10,091	
जून	14,33,919	9,559		14,54,066	10,178	
जुलाई	14,46,419	9,643		14,66,566	10,266	
अगस्त	14,58,919	9,726		14,79,066	10,353	
सितंबर	14,71,419	9,809		14,91,566	10,441	
अक्तूबर	14,83,919	9,893		15,04,066	10,528	
नवंबर	14,96,419	9,976		15,16,566	10,616	
दिसंबर	15,08,919	10,059		15,29,066	10,703	
जनवरी 2025	15,21,419	10,143		15,41,566	10,791	
फरवरी	15,33,919	10,226		15,54,066	10,878	
मार्च (वर्ष 8)	15,46,419	10,309	16,64,632	15,66,566	10,966	1,692,382
अप्रैल 2025	16,77,132	11,181		17,04,882	11,934	
मई	16,89,632	11,264		17,17,382	12,022	
जून	17,02,132	11,348		17,29,882	12,109	
जुलाई	17,14,632	11,431		17,42,382	12,197	
अगस्त	17,27,132	11,514		17,54,882	12,284	
सितंबर	17,39,632	11,598		17,67,382	12,372	
अक्तूबर	17,52,132	11,681		17,79,882	12,459	
नवंबर	17,64,632	11,764		17,92,382	12,547	

दिसंबर	17,77,132	11,848		18,04,882	12,634	
जनवरी 2026	17,89,632	11,931		18,17,382	12,722	
फरवरी	18,02,132	12,014		18,29,882	12,809	
मार्च (वर्ष 9)	18,14,632	12,098	19,54,303	18,42,382	12,897	19,91,367
अप्रैल 2026	19,66,803	13,112		20,03,867	14,027	
मई	19,79,303	13,195		20,16,367	14,115	
जून	19,91,803	13,279		20,28,867	14,202	
जुलाई	20,04,303	13,362		20,41,367	14,290	
अगस्त	20,16,803	13,445		20,53,867	14,377	
सितंबर	20,29,303	13,529		20,66,367	14,465	
अक्तूबर	20,41,803	13,612		20,78,867	14,552	
नवंबर	20,54,303	13,695		20,91,367	14,640	
दिसंबर	20,66,803	13,779		21,03,867	14,727	
जनवरी 2027	20,79,303	13,862		21,16,367	14,815	
फरवरी	20,91,803	13,945		21,28,867	14,902	
मार्च (वर्ष 10)	21,04,303	14,029	22,67,147	21,41,367	14,990	23,15,467
अप्रैल 2027	22,79,647	15,198		23,27,967	16,296	
मई	22,92,147	15,281		23,40,467	16,383	
जून	23,04,647	15,364		23,52,967	16,471	
जुलाई	23,17,147	15,448		23,65,467	16,558	
अगस्त	23,29,647	15,531		23,77,967	16,646	
सितंबर	23,42,147	15,614		23,90,467	16,733	
अक्तूबर	23,54,647	15,698		24,02,967	16,821	
नवंबर	23,67,147	15,781		24,15,467	16,908	
दिसंबर	23,79,647	15,864		24,27,967	16,996	
जनवरी 2028	23,92,147	15,948		24,40,467	17,083	
फरवरी	24,04,647	16,031		24,52,967	17,171	
मार्च (वर्ष 11)	24,17,147	16,114	26,05,019	24,65,467	17,258	26,66,791
अप्रैल 2028	26,17,519	17,450		26,79,291	18,755	

मई	26,30,019	17,533		26,91,791	18,843	
जून	26,42,519	17,617		27,04,291	18,930	
जुलाई	26,55,019	17,700		27,16,791	19,018	
अगस्त	26,67,519	17,783		27,29,291	19,105	
सितंबर	26,80,019	17,867		27,41,791	19,193	
अक्तूबर	26,92,519	17,950		27,54,291	19,280	
नवंबर	27,05,019	18,033		27,66,791	19,368	
दिसंबर	27,17,519	18,117		27,79,291	19,455	
जनवरी 2029	27,30,019	18,200		27,91,791	19,543	
फरवरी	27,42,519	18,283		28,04,291	19,630	
मार्च (वर्ष 12)	27,55,019	18,367	29,69,920	28,16,791	19,718	30,47,627
अप्रैल 2029	29,82,420	19,883		30,60,127	21,421	
मई	29,94,920	19,966		30,72,627	21,508	
जून	30,07,420	20,049		30,85,127	21,596	
जुलाई	30,19,920	20,133		30,97,627	21,683	
अगस्त	30,32,420	20,216		31,10,127	21,771	
सितंबर	30,44,920	20,299		31,22,627	21,858	
अक्तूबर	30,57,420	20,383		31,35,127	21,946	
नवंबर	30,69,920	20,466		31,47,627	22,033	
दिसंबर	30,82,420	20,549		31,60,127	22,121	
जनवरी 2030	30,94,920	20,633		31,72,627	22,208	
फरवरी	31,07,420	20,716		31,85,127	22,296	
मार्च (वर्ष 13)	31,19,920	20,799	33,64,014	31,97,627	22,383	34,60,453
अप्रैल 2030	33,76,514	22,510		34,72,953	24,311	
मई	33,89,014	22,593		34,85,453	24,398	
जून	34,01,514	22,677		34,97,953	24,486	
जुलाई	34,14,014	22,760		35,10,453	24,573	
अगस्त	34,26,514	22,843		35,22,953	24,661	
सितंबर	34,39,014	22,927		35,35,453	24,748	

अक्तूबर	34,51,514	23,010		35,47,953	24,836	
नवंबर	34,64,014	23,093		35,60,453	24,923	
दिसंबर	34,76,514	23,177		35,72,953	25,011	
जनवरी 2031	34,89,014	23,260		35,85,453	25,098	
फरवरी	35,01,514	23,343		35,97,953	25,186	
मार्च (वर्ष 14)	35,14,014	23,427	37,89,635	36,10,453	25,273	39,07,956
अप्रैल 2031	38,02,135	25,348		39,20,456	27,443	
मई	38,14,635	25,431		39,32,956	27,531	
जून	38,27,135	25,514		39,45,456	27,618	
जुलाई	38,39,635	25,598		39,57,956	27,706	
अगस्त	38,52,135	25,681		39,70,456	27,793	
सितंबर	38,64,635	25,764		39,82,956	27,881	
अक्तूबर	38,77,135	25,848		39,95,456	27,968	
नवंबर	38,89,635	25,931		40,07,956	28,056	
दिसंबर	39,02,135	26,014		40,20,456	28,143	
जनवरी 2032	39,14,635	26,098		40,32,956	28,231	
फरवरी	39,27,135	26,181		40,45,456	28,318	
मार्च (वर्ष 15)	39,39,635	26,264	42,49,306	40,57,956	28,406	43,93,049
अप्रैल 2032	42,61,806	28,412		44,05,549	30,839	
मई	42,74,306	28,495		44,18,049	30,926	
जून	42,86,806	28,579		44,30,549	31,014	
जुलाई	42,99,306	28,662		44,43,049	31,101	
अगस्त	43,11,806	28,745		44,55,549	31,189	
सितंबर	43,24,306	28,829		44,68,049	31,276	
अक्तूबर	43,36,806	28,912		44,80,549	31,364	
नवंबर	43,49,306	28,995		44,93,049	31,451	
दिसंबर	43,61,806	29,079		45,05,549	31,539	
जनवरी 2033	43,74,306	29,162		45,18,049	31,626	
फरवरी	43,86,806	29,245		45,30,549	31,714	

मार्च (वर्ष 16)	43,99,306	29,329	47,45,750	45,43,049	31,801	49,18,890
अप्रैल 2033	47,58,250	31,722		49,31,390	34,520	
मई	47,70,750	31,805		49,43,890	34,607	
जून	47,83,250	31,888		49,56,390	34,695	
जुलाई	47,95,750	31,972		49,68,890	34,782	
अगस्त	48,08,250	32,055		49,81,390	34,870	
सितंबर	48,20,750	32,138		49,93,890	34,957	
अक्तूबर	48,33,250	32,222		50,06,390	35,045	
नवंबर	48,45,750	32,305		50,18,890	35,132	
दिसंबर	48,58,250	32,388		50,31,390	35,220	
जनवरी 2034	48,70,750	32,472		50,43,890	35,307	
फरवरी	48,83,250	32,555		50,56,390	35,395	
मार्च (वर्ष 17)	48,95,750	32,638	52,81,910	50,68,890	35,482	54,88,902
अप्रैल 2034	52,94,410	35,296		55,01,402	38,510	
मई	53,06,910	35,379		55,13,902	38,597	
जून	53,19,410	35,463		55,26,402	38,685	
जुलाई	53,31,910	35,546		55,38,902	38,772	
अगस्त	53,44,410	35,629		55,51,402	38,860	
सितंबर	53,56,910	35,713		55,63,902	38,947	
अक्तूबर	53,69,410	35,796		55,76,402	39,035	
नवंबर	53,81,910	35,879		55,88,902	39,122	
दिसंबर	53,94,410	35,963		56,01,402	39,210	
जनवरी 2035	54,06,910	36,046		56,13,902	39,297	
फरवरी	54,19,410	36,129		56,26,402	39,385	
मार्च (वर्ष 18)	54,31,910	36,213	58,60,963	56,38,902	39,472	61,06,794
अप्रैल 2035	58,73,463	39,156		61,19,294	42,835	
मई	58,85,963	39,240		61,31,794	42,923	
जून	58,98,463	39,323		61,44,294	43,010	
जुलाई	59,10,963	39,406		61,56,794	43,098	

अगस्त	59,23,463	39,490		61,69,294	43,185	
सितंबर	59,35,963	39,573		61,81,794	43,273	
अक्तूबर	59,48,463	39,656		61,94,294	43,360	
नवंबर	59,60,963	39,740		62,06,794	43,448	
दिसंबर	59,73,463	39,823		62,19,294	43,535	
जनवरी 2036	59,85,963	39,906		62,31,794	43,623	
फरवरी	59,98,463	39,990		62,44,294	43,710	
मार्च (वर्ष 19)	60,10,963	40,073	64,86,340	62,56,794	43,798	67,76,590
अप्रैल 2036	64,98,840	43,326		67,89,090	47,524	
मई	65,11,340	43,409		68,01,590	47,611	
जून	65,23,840	43,492		68,14,090	47,699	
जुलाई	65,36,340	43,576		68,26,590	47,786	
अगस्त	65,48,840	43,659		68,39,090	47,874	
सितंबर	65,61,340	43,742		68,51,590	47,961	
अक्तूबर	65,73,840	43,826		68,64,090	48,049	
नवंबर	65,86,340	43,909		68,76,590	48,136	
दिसंबर	65,98,840	43,992		68,89,090	48,224	
जनवरी 2037	66,11,340	44,076		69,01,590	48,311	
फरवरी	66,23,840	44,159		69,14,090	48,399	
मार्च (वर्ष 20)	66,36,340	44,242	71,61,747	69,26,590	48,486	75,02,649

□

परिशिष्ट-ए

लागत मुद्रास्फीति सूचकांक/कॉस्ट इन्फ्लेशन इंडेक्स (सी.आई.आई.)

वित्तीय वर्ष	सी.आई. आई.	वित्तीय वर्ष	सी.आई. आई.	वित्तीय वर्ष	सी.आई. आई.	वित्तीय वर्ष	सी.आई. आई.
1981-82	100	1992-93	223	2003-04	463	2014-15	1,024
1982-83	109	1993-94	244	2004-05	480	2015-16	1,081
1983-84	116	1994-95	259	2005-06	497	2016-17	1,125
1984-85	125	1995-96	281	2006-07	519	2017-18	
1985-86	133	1996-97	305	2007-08	551		
1986-87	140	1997-98	331	2008-09	582		
1987-88	150	1998-99	351	2009-10	632		
1988-89	161	1999-00	389	2010-11	711		
1989-90	172	2000-01	406	2011-12	785		
1990-91	182	2001-02	426	2012-13	852		

लागत मुद्रास्फीति सूचकांक (सी.आई.आई.) प्रतिवर्ष केंद्र सरकार द्वारा आधिकारिक गजट में अधिसूचित किया जाता है और पिछले वर्ष के संबंध में मतलब है कि उपभोक्ता मूल्य सूचकांक (सी.पी.आई.) में 75 प्रतिशत की औसत वृद्धि के आधार पर इंडेक्स है। 1 अप्रैल, 2001 से आधार वर्ष पिछले वर्ष के 1981 के स्थान पर 2001 लिया जाएगा। इसकी अधिसूचना अभी तक प्रकाशित नहीं हुई है।

भविष्य के बारे में सोचो, सेवानिवृत्ति की सोचो!

आर.के. मोहापात्रा की पुरस्कार विजेता पुस्तक—'रिटायरमेंट प्लानिंग : ए सिंपल गाइड फॉर इंडिविजुअल्स' पढ़ें। यह पुस्तक व्यक्तियों की सेवानिवृत्ति योजना से संबंधित है और भारत में वित्तीय उत्पादों के विकास की क्षमता की जाँच-पड़ताल करती है।

इस वैश्विक बेस्टसेलर की समीक्षा ई.ए.एस.आई. की एक अग्रणी पत्रिका 'द मैनेजमेंट अकाउंटेंट, दिसंबर 2016' में कलकत्ता विश्वविद्यालय के वाणिज्य विभाग के प्रो. (डॉ.) आशीष कुमार सना और रीडर्स फेवरेट के लिए गिसेला डिक्सन द्वारा किए जाने के अलावा दुनिया भर में ई-मीडिया पर भी की गई है।

'रिटायरमेंट प्लानिंग : ए सिंपल गाइड फॉर इंडिविजुअल्स' आपको पूर्व-सेवानिवृत्ति चरण (संचय अवधि), संरक्षण चरण और सेवानिवृत्ति के

बाद के चरण (वितरण अवधि) को बेहतर ढंग से समझने में मदद करने के लिए संक्षिप्त और ठोस उदाहरणों का उपयोग करती है।

आप अपने निवेश का रोड मैप बनाकर और सही समय पर, सही जगह पर, सही उत्पाद चुनकर अपने इच्छित लक्ष्य को प्राप्त कर सकते हैं।

यह पुस्तक आपको अपनी सेवानिवृत्ति के लिए सार्थक निर्णय लेने में मदद करती है, चाहे आप 30 वर्ष के हों या 50 वर्ष के और आपको सेवानिवृत्ति तथा अन्य वित्तीय लक्ष्यों के लिए निवेश के लिए एक दृष्टिकोण और योग्यता विकसित करने के लिए मार्गदर्शन करती है।

'रिटायरमेंट प्लानिंग : ए सिंपल गाइड फॉर इंडिविजुअल्स' पाठकों, खासकर मध्यम वर्ग को कैसे निवेश करना है, किस इंस्ट्रूमेंट में निवेश करना है और कहाँ से शुरू करना है, से संबंधित जानकारी देती है। यह पुस्तक एमेजॉन, फ्लिपकार्ट, शॉपक्लूज और ब्लू रोज पब्लिशर्स के पास नॉन-फिक्शन बिजनेस सेल्फ हेल्प श्रेणी के अंतर्गत उपलब्ध है।

□□□